舵手证券图书
www.zqbooks.com

知弘领航财富人生
舵手俱乐部 www.duoshou108.com

巴菲特选股策略

(美)维克／著

刘晓丽／译

山西出版传媒集团
山西人民出版社

图书在版编目（CIP）数据

巴菲特选股策略 /（美）维克著；刘晓丽译. —太原：山西人民出版社，2013.6
ISBN 978-7-203-08190-6

Ⅰ. ①巴… Ⅱ. ①维… ②刘… Ⅲ. ①股票投资-基本知识 Ⅳ. ①F830.91

中国版本图书馆CIP数据核字（2013）第110298号

著作权合同登记号　图字：04-2013-001

Timothy Vick
How to Pick Stocks Like Warren Buffet: Profiting from the Bargain Hunting Strategies of the World's Greatest Value Investor
ISBN：978-0071357692
Copyright © 2000 by McGraw-Hill

All Rights reserved. No part of this publication may be reproduced or transmitted in any form or by any means, electronic or mechanical, including without limitation photocopying, recording, taping, or any database, information or retrieval system, without the prior written permission of the publisher.

This authorized Chinese translation edition is jointly published by McGraw-Hill Education (Asia) and Shanxi People's Publishing House & Beijing Wenyuan Culture Development Co., Ltd. This edition is authorized for sale in the People's Republic of China only, excluding Hong Kong, Macao SAR and Taiwan.

Copyright © 2013 by The McGraw-Hill Education (Singapore) PTE.LTD and Shanxi People's Publishing House & Beijing Wenyuan Culture Development Co., Ltd.

版权所有。未经出版人事先书面许可，对本出版物的任何部分不得以任何方式或途径复制或传播，包括但不限于复印、录制、录音，或通过任何数据库、信息或可检索的系统。

本授权中文简体字翻译版由麦格劳-希尔（亚洲）教育出版公司和山西人民出版社合作出版，此版本经授权仅限在华人民共和国境内（不包括香港特别行政区、澳门特别行政区和台湾）销售。

版权©2013由麦格劳-希尔（亚洲）教育出版公司与山西人民出版社所有。
本书封面贴有 McGraw-Hill Education 公司防伪标签，无标签者不得销售。

巴菲特选股策略

著　者：（美）维克
译　者：刘晓丽
责任编辑：贺　权
装帧设计：兆天书装

出 版 者	山西出版传媒集团·山西人民出版社
地　　址	太原市建设南路21号
邮　　编	030012
发行营销	0351-4922220　4955996　4956039
	0351-4922127（传真）4956038（邮购）
E-mail	sxskcb@163.com　发行部
	sxskcb@126.com　总编室
网　　址	www.sxskcb.com
经 销 者	山西出版传媒集团·山西人民出版社
承 印 者	三河市航远印刷有限公司
开　　本	710mm×1000mm　1/16
印　　张	14.5
字　　数	200千字
印　　数	1—7000册
版　　次	2013年9月第1版
印　　次	2013年9月第1次印刷
书　　号	ISBN 978-7-203-08190-6
定　　价	39.80元

如有印装质量问题请与本社联系调换

本书评论

对想了解巴菲特投资技巧的人来说，这本书是他们的必读书目。

——玛丽·巴菲特

Timothy Vick 提供了一种简便易行的方式来检验股票何时被低估。这个方法论证严密，很有说服力。任何态度认真严肃的投资者，如果想累积财富，那么就分享一下 Vick 的经验吧。

——Kenneth S. Janke 全美投资人协会 总裁

致谢

撰写本书的第一天起,我就身兼两职:传记作家兼巴菲特先生的忠实信徒。这是一本探究巴菲特先生选股奥妙的新作。切入正题之前,我想先表达一下对巴菲特先生的谢意。他分享给世人的投资之道甚至逸闻趣事都为本书增色不少。凡是领会他成功之道的人,即使小有成就,都难言感激之情。他所推崇的投资之法道理简单却推理严密。巧合的是,本书手稿完成当天,道琼斯工业指数和纳斯达克指数在双双飙升后跌入历史低谷。这大起大落必然令投资者诚惶诚恐,在作出新的投资决策之前,他们必然要寻找最新的投资指南。而史上还没有一位投资家像巴菲特先生这样给我们留下了如此简洁、高效的投资方法。

我要向丽贝卡表达深深谢意。她鼓励我写作并在繁琐的工作中保持耐心平和。同时,我也向巴菲特夫人的诚挚建议和友好表示感谢。她对本书的贡献远远超出文字展示给读者的一切。我的同事肯尼斯·普奇 Kenneth Pogach,一位投资分析家,他对投资的热情以及市场的敏锐视角深入了我对财经问题的认识。当然还要感谢阿拉巴马州伯明翰市的安德鲁·科尔帕 Andrew Kilpatrick,他不遗余力的发掘巴菲特的每一个故事。任何一个写巴菲特的人都会从 Andy 的劳动成果中获益。Janet Lowe,她不知疲倦地撰写了许多关于巴菲特和本杰明格·雷厄姆的文章。McGraw–Hill 的编辑 Jeffrey Krames 为本书的出版付出了极大的耐心和贡献。当巴菲特的投资方式同时遭受媒体和公众批判时，他也未曾对其动摇过信心。

我还要感谢我的经纪人 Wes Neff，他再次把我劝回写作之路。Patty Wallenburg 的排版呈献给读者一本赏心悦目的书。

最后，感谢我的孩子们，Calvin 和 Natalie。我愿为他们付出全部。并祝愿你们从我的努力之上有所成就。

Timothy Vick

目录

第一部 成为亿万富翁

第一章 巴菲特积累财富之道 ……………………………………（ 3 ）
  亿万富翁修炼秘诀 ……………………………………………（ 5 ）
  从＄100 到＄30,000,000,000 …………………………………（ 7 ）
  人小鬼大 ………………………………………………………（ 8 ）
  投资基金 ………………………………………………………（ 10 ）

第二章 积累财 ………………………………………………………（ 14 ）
  增加账面价值 …………………………………………………（ 20 ）

第二部 数学思维

第三章 巴菲特数学101 增长的力量 ……………………………（ 29 ）
  复利的力量 ……………………………………………………（ 30 ）
  市场上价值与价格的关系 ……………………………………（ 35 ）
  价格须与价值一致 ……………………………………………（ 38 ）
  摒弃华尔街的预测 ……………………………………………（ 39 ）
  数学能预测股市未来吗？ ……………………………………（ 41 ）

第四章 巴菲特数学201 四两拨千斤 (46)
- 第一步：低价购买 (47)
- 第二步：保持资金的集中 (51)
- 第三步：保持对成本的关注 (55)

第五章 理解机会成本 (57)
- 巴菲特，理性的储蓄者 (61)

第六章 最大化收益——购买—长期持有策略 (63)
- 持有时间决定收入多少 (67)
- 股票周转率的社会惩罚成本 (71)

第七章 避免连环失误 (77)
- 主要原则—生产流水线与选股的共性 (79)

第八章 提高命中率 (83)
- 30年考核 (86)
- 把你最喜欢的股票存起来 (87)

第三部 像巴菲特一样研究公司

第九章 资产定价 (93)
- 盈利估价 (98)
- 利润的风险折扣 (103)

第十章 账面价值 巴菲特最推崇的增长预测标准 (110)
- 怎样增长账面价值 (115)
- 账面价值比盈利能更好的反映价值 (117)
- 丢人的"会计费用" (119)

第十一章 理解股本收益率 (121)
- 计算股本收益率 (123)

用股本收益率预测公司未来发展 ………………………… (127)

第十二章　巴菲特绝招"15％"法则 ……………… (130)
　　案例分析:计算收益率 ……………………………………… (132)

第十三章　另眼看增长 ………………………………… (139)
　　欢迎来到雅虎美国和思科 ………………………………… (141)

第十四章　渴求稳定 …………………………………… (146)
　　今天我们可以预测什么? …………………………………… (149)

第十五章　投资二选一:股票 VS 证券 ……………… (154)
　　股票—票息难以预测的债券 ……………………………… (157)
　　股票 vs 债券:6 条准则 …………………………………… (159)
　　巴菲特主要投资项目的盈利率 …………………………… (160)
　　何时债券胜于股票? ………………………………………… (162)

第十六章　规避损失的好处 …………………………… (165)
　　规避损失的动力之源 ……………………………………… (166)
　　输家的游戏 ………………………………………………… (168)

第十七章　规避损失 2 ………………………………… (172)
　　密切关注市场动向,及时调整 …………………………… (172)
　　时机预测 1:在 70 年代初熊市之前卖掉股票 …………… (173)
　　时机预测 2:1974 年继续前行 …………………………… (174)
　　时机预测 3:抓住 80 年代的机会 ………………………… (174)
　　时机预测 4:规避 1987 年危机 …………………………… (175)
　　国家整体经济运行状况 …………………………………… (177)
　　整体环境 …………………………………………………… (177)
　　可兑换证券 ………………………………………………… (178)
　　所罗门公司 ………………………………………………… (179)
　　吉列公司 …………………………………………………… (182)
　　美国运通公司 ……………………………………………… (183)

期权 ··· (184)

第十八章 巴菲特的制胜招数:套利 ························ (186)
洛克伍德公司的可可豆 ··· (192)
阿卡塔公司 ··· (193)
MGI 地产 ·· (194)
通用动力 ·· (195)
投资组合必选:套利投资 ·· (196)
套利交易原则 ·· (199)

第四部 投资者的心灵鸡汤

第十九章 巴菲特与良好习惯 ······························· (203)
相信自己的判断,不轻信他人 ······································ (205)
不要无条件接受市场的定价 ·· (205)
常识和充分了解投资比书本知识来的实际 ···················· (205)
不要在意股市的日价涨落:无关大局 ···························· (206)
不要依赖预测,多数预测空口无凭,走自己的路 ············· (206)
投资是去购买公司的一部分资产,不只是股权证书转手的过程 ··· (207)
自负是投资者的天敌 ··· (208)
让时间成为你投资的帮手 ·· (208)
不要过度分析,分析愈细,错误愈多 ····························· (209)
资产定价,量力而行 ·· (209)
股东价值及成本帮助你评估一项资产 ··························· (210)
寻找业务规划明确,利润增长确定的公司 ····················· (211)
买入之前做研究 ··· (211)
不要跟风去买入或卖出股票 ·· (211)
低价并非王道,公司价值及管理才是基石 ···················· (212)
把持股看作自己的资产,坦然面对股价波动 ················· (212)

附录

附录 A　市场先生 …………………………………………（214）
附录 B　你比巴菲特的优势：因特网 ……………………（217）

第一部

成为亿万富翁

第一章

巴菲特积累财富之道

不是我想要很多钱,只是赚钱的过程以及看到财富增长趣味无穷。

——沃伦·巴菲特

你认为怎样才能积累 300 亿财富?有人说,第一个 100 万最难赚,随后的 n 百万就会源源不断的来。此话有理。假设,道琼斯工业指数从 2000 点升到 3000 点,也许不容易,但是从 10000 点升到 11000 点就能毫不费力。你的钱越多,赚的就会更多更快。积累财富和打垒球不一样。要打 500 个全垒,前 50 个和后 50 个难度没有多少差别。在竞技体育中,你得奋力拼搏才能赢得每一分,而了解财经知识,你就是手捧一只下金蛋的鹅,守着它就能日进斗金。

当然,百万富翁是一类人,那些能给账户上的数字不断增零的人又是另一类。财富积累俱乐部的富豪们呈金字塔状排列。资产越多,人数越少。可以这么说,世界上的千万富翁是百万富翁的百分之一,而亿万富翁是千万富翁的千分之一。

1930 年 8 月 30 日,沃伦·爱德华·巴菲特生于内布拉斯加州的奥马哈市。任何复杂的数学公式和曲线图都难以描绘这位投资天才一生的成就。纵观商界,人们也绝找不出一个类似的先例。世界顶级的亿万富翁俱乐部里不是王公贵族就是商界精英。他们中间,有人因为抓住机遇而跻身富豪,另外一些人则是生来富贵。而巴菲特的与众不同之处在于,他充分利用自己那颗颇具数学天分的大脑,敏锐搜寻着这个世界经济运行中的偏差和漏洞,并以此为业。

除了巴菲特,还没有一个亿万富翁全靠华尔街累积起巨额财富。他们大部分人从行业的基层做起,凭借胆识和运气沿着商业这条天梯不断攀登。几乎到人生晚年他们才尝试运用投资技巧,在华尔街这片光怪陆离之地施展拳脚并增加财富。但是巴菲特养家糊口的第一份工作就开始于财经和证券行业(他11岁时就买了人生中的第一只股票)。当在奥马哈老家的邻居们勤勤恳恳地为生机奔波时,二十出头的巴菲特满怀自信,他把自己的卧室开辟成办公室,开始投资经营事业。这间杂乱的卧室放满了各种财务年报,标准-普尔投资指南,以及一堆饮料罐。谁会料到,日后世界上最成功的投资机构竟始于此呢?

简单地说,45年来,巴菲特所做的就是"资本分配"这件事。自上个世纪50年代起,他就从事募集资金人所做的一切。他在金融世界里寻找被低估的股票,收购价格合理、前景诱人的公司,然后长期持有,使其保持每年20% – 30%的收益增长率。巴菲特把投资中赚到的每一美元又投入到伯克夏·哈撒韦公司。当时的投资以今天的货币计算已达数十亿。伯克夏的保险柜吸进这些钱,并不断胀大。公司股东们对此非常满意,乐得继续保有股权并再投资。巴菲特在六七十年代决定收购这家破败的纺织公司股票。这一决策日后为巴菲特及其夫人苏珊赢得的利润占其所有投资的34%。另外一些人也把钱交给他,委托巴菲特为他们投资。巴菲特帮他们赚了数十亿美元。

巴菲特不断地为股东们投资,然后分配资本,这一切他做起来驾轻就熟。虽然业绩辉煌,但是他只接受10万美金的年薪。如果你看到他朴素的日常生活,简直会觉得如果给他超过10万的年薪,反而是在侮辱他。巴菲特善于发现有利可图的投资机会,这一能力并不需要一个工资条来证明。"我一个人用不着三辆车,也不会住三套房子。拥有更多身外之物只会令人疲惫。毕竟,一个人一次最多只能开一辆车。"

不论在精神上还是在投资业务方面,巴菲特任何时候都保持着一股坚持不懈的力量。他的朋友们、商业伙伴和股东们对他这一点都深为认同。他内心深处保持着孩子的天真,爱玩但做事谨慎。他在五十年代写的投资分析和九十年代的年度报告几乎相同。四十多年来,世事变迁,却丝毫不影响巴菲特的做事风格。就像一名科学家操作一次实验一样,他在处理数据资料时,思维敏捷,富有逻辑,并能加以甄别。

一个陌生人和巴菲特一起呆五分钟,对他不会有任何深刻的印象。这个人相貌平平还特别的内向羞涩。虽然如今的巴菲特已世人皆知,但是70年来他几乎没有离开过奥马哈城。如果和他多聊一会,有足够的时间彼此认识,你就会觉得这个人简直就是一部百科全书。他滔滔不绝,话题涵盖各行各业,校际足球赛,可口可乐在南美的销售增势以及各大银行的资产负债问题。只要和他有过类似的谈话,这些人保证会回来再找他聊天。每年的五月,大约有14000名投资者从全国各地来到奥马哈。他们破费1000美元来到这里,就是为了花一天时间聆听巴菲特的投资妙语。如果时间和耐力能塑造卓越的品牌,沃伦·巴菲特就是金融界里的最佳消费品牌。

亿万富翁修炼秘诀

回顾过去的六七十年,可以看出,成功的投资家们都不是随波逐流的人。他们避免陈套,坚持自己的想法,能够力排众议。如果他们轻易追随华尔街的行事方式,就不可能达到后来的成就。分析家兼作家马丁·弗里德森 Martin Fridson 说过:"从来没有一个团体会在福布斯400排行榜上集体上榜。其实原因很简单,当一个人的做事方式和众人无异时,他显然无法在竞争中脱颖而出。"

约翰·泰普乐敦 John Templeton 是一位传奇投资家,他后来建立了以自己名字命名的基金。二战爆发时,他把身上的最后一分钱都投到股票上。当时的美国笼罩着欧洲的战争阴霾,国内大萧条的惨况还未淡去,人们普遍认为股市难以振兴。毕竟,二战不像美国内战那样,打几次小规模战役战争就能结束。投资者们都预计这场欧洲诸国的战争将旷日持久,必然冲击世界经济以及美国股票价格。

约翰对此不能苟同。他坚信,二战必定将美国经济从萧条中带出,极大地推动全球经济产出,促进就业率,并以史无前例的速度创造美国财富。他跑遍当地银行,尽可能地贷款,然后去纽交所向每家公开发行股票的公司买下 100 美元的股票。约翰·特瑞恩 John Train 写道,当约翰走出股票经纪公司时,他已持有 104 家上市公司的股票,这其中 34 家已经破产。然而,约翰并不担心自己的投入。虽然把全部身家押在股票上,而且股市还会进一步下跌,但是他自信美国制造业的繁荣必将带动股市兴旺。事实证明这一决策果断英明。四年后,约翰几乎售出所持的所有股票。当初他花了 10400 美元,后来股票市值已经涨到 40000 美元。

约翰·内夫 Jonh Neff 任费城温莎基金经理时,看中了地处一片低洼漫滩上的房产,打算举家搬迁过去。虽然房产经纪人极力否定他这一决定,内夫却认为"经纪人的警告反而激发了我的好奇心,促使我去勘察内情"。果然,内夫详细计算了此处房屋的效用及升值空间,认为可能带来的收益完全可以抵消潜在的洪水灾害对房屋的损失。他在这所房子里居住了 21 年而且"毫无遗憾"。

内夫和二十世纪的那些投资大师们一样,热切追逐金钱的同时保持着简朴的生活。在搬进新家之前,他租房住,有时住在基督教青年会的宿舍,这样就可以把收入的一半存入银行。少年时,内夫白天去做高尔夫球童,晚上给人送报纸。平时,他常留心观察叔叔经营的杂货铺贴出的商品每日售价表,潜移默化之中,逐渐萌生了价值意识。他迫切地想积累财富,所以身兼两职,在一家自动点唱机公司做快递员的时候顺便兜售百科全书。

事实上,任何一个伟大的投资者都毫不掩饰他们的本能想法,让所持资产增值,不断积累财富。亿万富翁兼公司收购专家柯克·克利考恩 Kirk Kerkorian 年轻时就精于此道。他从经销商那里收购报废的汽车,修好再转手(他当时以清洗发动机谋生)。这样每辆车赚 5－10 美元不等。在英国皇家空军服役之后,他看到了商机。他以每架 7000－10,000 美元的价格买下过时的 DC－3s 型军用机,改装成民用客机,以 60,000 美元的价格出售。23 岁的劳伦斯·蒂什 Laurence Tisch 劝说父母将位于新泽西的一处度假村租下来。他们将其粉饰一新,设计安排了许多娱乐项目招徕顾客。不到两年,他就用赚来的钱买下了这个度假村。八十年代石油业萧条时,蒂什以均价 500 万美元的价格买下数个石油钻井,静待原油价格回升。当油价再次飙升,这些油井回报给他 2500 万美元的利润。

约翰、蒂什、内夫和沃伦·巴菲特这些人的伟大之处在于其坚韧的内心的和对自己创造财富这一能力的自信。这些人的故事告诉我们,尽管他们大都出身贫寒,但都有着相似的个性特征。这些特征把他们和普通的投资者区分开来。

从 $100 到 $30,000,000,000

巴菲特总是谦虚地说,他得益于盛世从而积累起巨额财富。"我出生后,有 2% 的可能成为一个美国人,98% 的可能生活在别处。如果我生于丛林,或许早已成为猛兽的腹中餐。纵使我有投资天分,也无用武之地。我取得今天的财富,得益于这个伟大的社会,使我有机会一展身手。"

生在美国是巴菲特成功的基础。和众多其他美国人一样,他在起跑处就领先一步。但是进入金融证券这一行的决定,却是父亲给他的灵感。霍华德·巴菲特在奥马哈市开了一家股票经纪公司,他让小巴菲特帮他张贴股市信息。之前,华尔街一直被认为是一个富豪制造厂,20 世纪 30 年代的一系列事件损害了这一名誉。当时正是巴菲特出生前后几年。霍华德是一名虔诚的教徒,政治观点非常保守。他努力工作维持家庭温饱,以免自己的儿女沦落为受施者,像内布拉斯加那些农民子女一样站在大街上等待施粥。巴菲特出生后,家庭重担使得这家人的生活一度拮据。但是霍华德还是尽力维持家庭经济运行平稳,并将从小就显示出数学天分的巴菲特送入学校接受良好教育。

人小鬼大

小时候的沃伦就与别的孩子不同,种种迹象标明他将来定会鹤立鸡群。有关巴菲特的许多传记凡是写到他的童年,一定会有这样的描述:专注于金钱和计算,怀疑怪异的事物并只对信任的人和事情才会做出奉献。他看起来像个地道的中西部人,但正是这些生来的品质日后造就了一位职业投资家,叱咤华尔街。巴菲特10岁时就已经开始对股票市场产生浓厚兴趣了。那时候,他已在父亲的办公室帮忙,张贴股市信息,填写股票和证券表格,并在业余时间自己作图预测股市走向。他热衷于在不相干的波动图中找到规律并成为一个光说不练的"技术分析员"。如果这样做下去,巴菲特日后或许真能为一名股票分析家,但是本杰明·格雷厄姆的价值导向法把他带入了另一片天地。

成为数学天才也许不容易,但能实际应用这一天分更是难得。巴菲特则将这一天分发挥的淋漓尽致。他寻找一切方法去分析数字用来盈利。6岁那年,他用25美分买下一箱6瓶装的可乐,然后以每瓶10美分的价格零售。这可能是巴菲特生命中最早的套利交易。11岁时,他和一个朋友发明了一套系统用来赌马。他们在赛马场兜售赌马心得小册子。开始时,一切进展顺利,他们赢得了不少客户,但是后来因为没有执照被勒令停业。他还鼓动附近的小朋友们去球场的小溪池塘里打捞高尔夫球,然后将这些球洗净重新出售。作为活动组织者,他拿到应得的那份酬劳。

十几岁时,巴菲特甚至他的朋友们都认定他这一生将会与股票市场结缘。酷爱读书又性格内向,巴菲特既受同学敬慕,有时又显得不太合群。他外表怯懦,不会主动挑起事端,但却能巧妙地运用关系让别人为他而战。遇到问题时,大家都来找他解决,但聚会玩乐时又把他抛之脑后。"我不是班里最受欢迎的人,但也不是大家讨厌的人。我似乎可有可无"。他不断地找投资方面的书来读,据说还能背下他最喜欢的那篇《一千种赚钱的方法》。在公交车上,公园长凳,床上,只要能让他安静的看书,他就会全神贯注。和朋友打篮球的时候,他也会带一份《华尔街日报》,在休息时读上几篇文章。

巴菲特每做一件事都尽心尽力,精心策划。住在华盛顿特区时(1942年霍华德以反对罗斯福新政为竞选纲领赢得选举成为众议员),他选了5份报纸和4份持不同观点的日报送报。如果一位客户取消订报,巴菲特就会推荐与原来报纸观点不同的报纸,这样客户可能会继续订报,自己也不会断了财源。他的母亲曾说:"他攒的钱是他的一切。任何人也不能动他存钱的抽屉。一分钱也不能动。"后来巴菲特新增了一份杂志,他对顾客的订报心理进行分析,一旦顾客改变习惯,他就做出合适的推荐。

随后他又尝试了许多别的赚钱方式。他和朋友唐·丹利 Don Danly 合伙做弹球游戏的买卖。他们花25美元买了一台游戏机,把它放在华盛顿的一家理发店里。由于生意不错,他们预计几周之内就能赚回本钱,所以打算扩大投资,增加到7台机器。那时他们一周就赚50美元。沃伦每个月都要打出一份财务收支报告。1947年,丹利花350美元从废品厂买了一辆1928年产的劳斯莱斯。他把车修好,然后租出去,一天租金35美元。通常都是丹利对车进行检修,这时巴菲特就站在旁边大声朗读商业书籍。

15岁时,巴菲特就有财力买下父亲在内布拉斯加一个40英亩的农场了。20岁时,他的个人积蓄估计达到9,800美元,值现在的68,000美元。如果用这笔钱投资并保持每年25%的回报率,到1999年底这笔钱就会变成5490万美元。但这点钱对巴菲特来说还不够,他觉得自己有能力而且有目标赚到更多。

投资基金

1947年,巴菲特上大学,他选择了宾夕法尼亚大学的沃顿商学院。在这里学习了两年后,他发现教授贫乏的财经知识满足不了自己的需要。19岁的巴菲特转学至内布拉斯加大学并在那里得到学位。大学四年级,他读到一本书,《聪明的投资者》,这是基金经理和哥伦比亚大学讲师本杰明·格雷厄姆新出的书。这本书的观点为巴菲特对金融市场的深入认识奠定了基础。他迫切希望继续在商业领域深造,就于1950年申请进入哈佛商学院,但没通过面试。不久,巴菲特就向格雷厄姆任教的哥伦比亚商学院递交了申请并通过面试。一年后,他获得了经济学硕士学位。

只要在格雷厄姆的课上,巴菲特就表现地积极活跃。据说他是格雷厄姆教过的最好的学生。师徒两人经常在课堂上就辩论起来,其他的学生都插不上嘴。格雷厄姆的课对巴菲特来说是一种心灵洗涤。虽然他已经尝试了股市的各种技术分析,格雷厄姆的理论还是震撼了巴菲特:股票应该反映一家公司的内在价值,购买价值被低估的股票才会带来巨大的利润。总结这段经历,格雷厄姆算是巴菲特金融学方面的导师了。他帮助巴菲特完善了知识结构,并促使他把对股市的分析能力、价值取向以及敏锐的商业意识结合起来,自成一体。

一毕业,巴菲特就迫不及待地想把理论应用到实践中。他找到格雷厄姆,希望能去他的公司上班,但教授拒绝雇用他。巴菲特不得不打道回府,在父亲的公司做一名股票经纪人,并且一直干到1954年。这三年里,巴菲特并没有放弃"纠缠"老师,最终格雷厄姆答应让巴菲特在他的投资管理公司工作。在格雷厄姆的公司里,巴菲特学到了管理基金的方法。2年后,格雷厄姆关闭了公司并宣布退休,巴菲特第二次打道回府。不过这一年,他的净资产已达到14万美元,几乎都是通过买卖低价股票所得。同时,他和奥马哈的苏珊·汤普森 Susan Thompson 结为伉俪,并有了两个孩子。

虽然失业在家,巴菲特仍然闲不住,他成立了巴菲特合伙人公司。其实这只能算是个皮包公司,办公地点就是巴菲特的卧室,仅有的办公用品就是一叠便签,一本廉价的账本和一台打字机。巴菲特自己投入100美元,并劝说亲戚朋友入股,最终筹集到10.5万美元。他给这个基金定了一些运作规则:

1. 只要巴菲特认为合适,他就有权拿这笔前进行投资。
2. 如果达不到6%的回报率——即政府债券的回报率,他不会收取任何佣金。
3. 如果回报率超过6%,他会收取公司盈利额的25%作为佣金。
4. 投资人不得过问巴菲特的投资细节。
5. 如果投资人追踪细节,巴菲特有权不予回答。
6. 公司每年只能进行一到两次的新投资。

今天的基金经理们一般按较低的佣金比例收费,大概占他所管理资产的1-1.5%。佣金制度是可以自动调整的机制,即使在市场不景气的时候这一制度也能保证基金经理得到固定收入。巴菲特定下上述规则,是基于他对证券和市场把握的自信。他也因此比其他人更快地积累财富。如果巴菲特一年的回报率是10%,他的佣金就能达到管理资产的1%。如果回报率达到20%,他能拿到的佣金就是全部资产的3.75%。下表(1.1)显示的是巴菲特从这10.5万美元基金中赚到的佣金,并和普通的基金经理作比较。需要注意的是,每年都有更多的投资加入到原始资本中来。到1969年巴菲特合伙基金结束,他的佣金是普通基金经理的4倍。这13年来,他的佣金总数占全部资产的19%。

巴菲特的第一批投资人包括姨妈爱丽丝,他的姐姐桃乐丝及姐夫,苏珊的父亲和3位朋友。要想吸引外人加入他的基金,还需要时间来证明这个年轻人的能力。巴菲特得先交上一份优秀作业才能吸引更多的客户。唐·基奥 Don Keough 就是对他持怀疑态度一个人。唐当时是巴菲特的邻居,后来成为可口可乐公司的总裁。当巴菲特邀请唐加入基金,投资5000美元作为他孩子们的教育基金时,唐拒绝了这个提议。但随着巴菲特的基金运作状况越来越好,赢得新客户已不成问题。全国各地的投资者们风闻巴菲特的斐然业绩,纷纷前来注册。CBS 总裁劳伦斯·蒂什 Laurence Tisch 就曾在六十年代中期向巴菲特的基金投资 30 万美元。

表 1.1 巴菲特佣金一览

	投资人回报率	启动资金 105,000	基金经理 1.25%	巴菲特佣金
1957	10.4%	$115,920	$1,381	$1,155
1958	40.9%	$163,331	$1,745	$10,114
1959	25.9%	$205,634	$2,306	$8,126
1960	22.8%	$252,519	$2,863	$8,637
1961	45.9%	$368,425	$3,881	$25,189
1962	13.9%	$419,636	$4,925	$7,276
1963	38.7%	$582,035	$6,260	$34,305
1964	27.8%	$743,840	$8,287	$31,721
1965	47.2%	$1,094,933	$11,492	$76,616
1966	20.4%	$1,318,300	$15,083	$39,418
1967	35.9%	$1,791,569	$19,437	$98,543
1968	58.8%	$2,845,012	$28,979	$236,487
1969	6.8%	$3,038,472	$36,772	$5,690
Total			$143,411	$583,276

巴菲特管理基金的方式与众不同。他定下规矩,不允许投资人过问投资细节,这条规定更有利于他管理基金,毕竟不是每个人都能忍受得了股市的变幻莫测。巴菲特把这笔基金的大部分投入到套利交易中,他总是寻找要进行资产重组或破产的公司进行投资。进行套利投资时,巴菲特还会再借一部分钱投入进去,这样他会得到更大的回报。然后,他会选三到四家公司,用剩下的那部分钱买下他们的股票。随着基金下的资产不断增长,巴菲特就能够掌握这些公司的大部分股权,从而对公司的发展有发言权。他发

现，买下一家价值被低估的公司的大部分股票，进入公司董事会，改善公司的财务问题，然后高价卖出公司是一件很赚钱的买卖。他就是按照这一方式做出了人生中最著名的投资——购买伯克夏·哈撒韦公司。

随着基金的增长，巴菲特的个人财富也不断飞跃。他把自己每年25%的佣金再投入到基金中，这样他的资产增速大大超过基金的发展速度。1964年，他个人在基金中的投资已达2,393,900美元。1966年这一数目增长至6,849,936美元。1969年，巴菲特结束合伙制时，基金总资产达到104,429,431美元，其中巴菲特的投资大概有2000—2500万美元。

很显然，巴菲特将在投资之路上继续走下去。

第二章

积累财富

伯克夏·哈撒韦：巴菲特投资经典作

1969年底，沃伦·巴菲特结束了他的投资合伙事业。这一年，巴菲特39岁，留着平头，看上去就是个普通人，但他已经坐拥2500万美元资产并经受了股市风云变幻的历练。面对股市上许多公司股票价格名不副实的状况，他警告投资者出手要谨慎。1969年的华尔街就像刚刚过去的1999年和2000年一样已经卷入一场暴风雨中。有利好消息的股票价格远远超出其实际价值，而其他的股票却一路狂跌。

对巴菲特来说，股市上同时出现这两个极端只意味着一件事：股市已经毫无理智。这种情况下，再勤奋精明的投资经理都不敢承诺会给客户带来合理的投资回报。对股市的任何研究分析似乎也帮不上忙。有着利好消息的股票价格被机构经理人们哄抬起来，这些人平均30岁左右，还没经历过真正的熊市。然而，股市中更多的是那些中规中矩的投资。糟糕的是，即使没有利空的消息，这些股票的价格也止不住下跌。简而言之，被高估的股票价格遥遥领先，这完全违背了市场的基本规则：便宜的股票走投无路了。

这与本杰明·格雷厄姆的预见不同。他认为股票价格会暂时低于其账面价值或清算价值,但最终会回升到正常价格。被低估的股票不可能永远跌下去。尽管巴菲特仍然保持着与道琼斯工业指数相比更好的回报业绩,而且他的这一成就也已经保持到第13年,但今年的业绩明显不如往年。那些擅长技术分析的基金经理们辛辛苦苦地寻找有潜力的股票,期望超越市场上那些高价股票,但他们鲜有收获而且落得身心俱疲。他们中大部分人不再依赖分析模型,转而用小道消息取悦客户。

此时,巴菲特理智地停止了投资。他警告合伙人不要再幻想高回报了。他写道:"我们还算幸运。如果这一年我们清算不及时,损失会更大。在我的投资生涯中,还是头一次觉得,不管是选择职业经理人来进行股票投资,还是被动地投资政府债券,投资者都不会有太大收获。"

可是一两天哪能清算得了1.04亿美元的资产,更何况巴菲特为其客户代理的投资不止一两项。1963年,巴菲特购买了26.6万股西部天然气公司(Western Natural Gas)的股票。当时这家公司正在清算资产并将收入额支付给投资者。当西部天燃气公司将其油气所有权出售给辛克莱石油公司时(Sinclair Oil),巴菲特希望这笔交易能够尽快结算并回收大部分投资。然而直到1969年,西部天然气公司的资产还未出售完毕,股东们也无法将股票变现。这样,其他的套利投资也受其影响,不能顺利进展。巴菲特必须做出选择:要么将所持股票出售变现,要么把这些股票分给合伙人。

这一选择最终体现在对位于马萨诸塞州新贝德福德(New Bedford)的伯克夏·哈撒韦纺织厂的投资上。从1962年起,巴菲特就开始为合伙人收购这家公司的股票,当时每股7—8美元。收购伯尔希克的想法完全是实践格雷厄姆的思想:当时伯尔希克的股价连其经营资本的一半都不到,只要股价上升到其资产负债表的价格就会给巴菲特带来3倍的回报。出于对格雷厄姆信条的深信不疑以及对被低估公司高回报率的追逐,巴菲特收购了他所能买到的所有股票。到1965年,巴菲特和他的合伙人拥有了伯克夏49%的股份。那年5月,这位名不见经传的奥马哈基金经理完全控股伯克夏。

当时,巴菲特并不打算长期持有伯克夏的股份。然而机会还是快来了。随着自己的投资不断并入伯克夏,巴菲特想通过这家公司创造出一个庞大的投资集团,他难以抵挡这个诱惑。当巴菲特解散投资合伙公司时,他给客户两个选择:要么按照自己的份额持有伯克夏的股份,要么拿走相应的现金。结果,一部分合伙人和巴菲特一样把自己在合伙公司的收入换成了伯克夏的股票。巴菲特个人拥有伯克夏29%的股份。1970年,他成为这家公司的总裁,年薪5万美元。

从那时起,巴菲特的财运就紧紧地和伯克夏拴在了一起,而他的职业投资事业也即将腾飞。一夜之间,人们忽然在股市上看不到巴菲特的身影了,其实他正在幕后筹划一系列的投资项目。此时,伯克夏公司的经营好坏时刻关系到巴菲特的钱包的胀瘪。他不再为股市上某只股票的价格牵肠挂肚了。只要能够不断提高伯克夏的内在价值,他就能增加自己的净资产。

巴菲特的第一个目标是奥马哈的国家产险公司(National Indemnity)。他在1967年以860万美元的价格收购了这家公司。多年的经验告诉巴菲特保险业前途光明,国家产险公司的潜在价值不可小觑。就像大多数保险公司一样,国家产险公司每年都能提供大笔资金让巴菲特用于再投资,因为很可能多年不用理赔,今天收的保险费就能成为投资资本。

事实上伯克夏的纺织企业并没有创造出多余的现金供巴菲特使用,而且所有迹象都表明它将来也不可能做到这一点。但是,一家资本化充分并且谨慎经营的保险公司则会提供大量资金用于投资。在巴菲特看来,运用这笔资金要比吸纳更多新客户的投资更方便。巴菲特看准这一点,在后来的30年中,伯克夏·哈撒韦成为世界上最大的公开投资基金,并且其每季度的经营利润都会供巴菲特投资。巴菲特的经营模式十分直接:

1.从现有业务现金流中抽取资金并缩减其公司成本。
2.利用伯克夏公司持续增加的流动现金购并其他公司,但必须以低价购买现金充裕的公司,从而为伯克夏的初始投资获得高回报率并增加其净

第二章 积累财富

资产。

3.用买下公司的流动现金公开投资于股市与债券市场。

4.买下几家具有高免赔率的保险公司,以其作为股票与债券市场投资储备。选择能够提供低成本现金流的保险公司以扩充储备投资基金,巴菲特通过这些就会取得回报。

当巴菲特收购诸如通用再保险公司(General Reinsurance)、奶制品皇后公司(Dairy Queen)或是在股市上投资吉列公司时,用的并不是他自己的钱。通常由巴菲特或合伙人,时任汽车保险公司 GEICO 基金经理的娄·辛普森(Lou Simpson)拍板,由伯克夏收购的几家保险公司中的一家入市交易。由于每年各保险公司都提供充裕的资金供巴菲特投资,这些购买进展顺利。保险公司持有现金准备以应付收购时所需的资金,但在支付之前可以自由支配这笔钱。从事这种交易所得到的收入只需交纳少量的税金。这样,巴菲特得到的回报率就远远高于普通的投资基金经理。

伯克夏的竞争优势在于它同时具有良好的资产负债关系和资产分配记录。这一财务优势使伯克夏可以采取更大胆的投资分配策略。一般情况下,保险公司将资金投资于政府债券,最近几年的市场状况决定了这种投资的年回报率在5%-7%之间。事实上,许多保险公司的业务局限于投资等级较高的公司和政府债券,这是因为政策制定者们历来都不希望保险公司轻率地使用投保人的保费。当然,这些公司也不希望投资的股票价值下跌而某地又突发自然灾害,从而面临大量理赔。州和地方的财政官员和退休基金经理一样,都会面临这样的投资困境。经济运行状况良好时,为了多得到一点利润,这些官员甚至会采取冒险的政策。

然而伯克夏·哈撒韦并没有这些约束。内布拉斯加保险局及信用评价机构给了巴菲特更大的权限。他可以用投保人的保费投资于高回报率的有价证券。这样,巴菲特就能够自由地把伯克夏的保险单带来的数十亿资金投入到股票、债券及非常规投资中。他还可以用这笔钱收购公共或私人的企业,并把它们并入伯克夏集团旗下。尽管在公司的账面上保费所占比例相对比较小，但巴菲特用这笔钱投资的这种权利为伯克夏赢得了远远高于竞争对手的回报率，因为这一自由只为几家公司所有。伯克夏的保险业务在整个保险行业所占比重或许不到2%，但它所持有的股票是整个保险行业所持股票的20%－25%。1999年，伯克夏保险费的65%投资于股票市场，这一数字远远超过行业平均水平。伯克夏平均投资回报率达到20%，甚至更高。几乎是其他保险公司回报率的两倍。

能够长期保持这一竞争优势使得伯克夏的股票达到了最佳的经营业绩，同时这也是伯克夏敢于将大量的保费投资于股市的原因。在保险业没有一家公司可以照搬它的经营模式。

事实上，伯克夏真正的力量在于它对财务杠杆的运用，即利用超过公司资产的金额进行投资的能力。假设资产负债表上伯克夏拥有1亿资产，并且每年还能收入5亿保费。巴菲特就敢用这6亿美元去投资。如果他的投资能获得10%的利润回报，伯克夏就获得了6千万美元的利润，这相当于初始投资60%的回报率。虽然巴菲特最终还要把5亿美元归还给投保人以进行赔付，他在归还之前让你仍然可以自由使用这笔资金。如果这笔资金的年回报率达到20%，伯克夏的账面价值就会迅猛增长，同时带动股价上涨。

这一切的基础在于以尽可能低的价格获得浮存金，伯克夏真是这方面的行家。公司每年收入的保费超过它每年支付的理赔额，剩下的钱就可以自由支配。然而一旦年赔付超过了保费，浮存金就会减少。为保持保险公司的收支平衡，投资经理就必须利用浮存金的回报去抵消赔付。伯克夏收购国家产险公司时，巴菲特用于再投资的浮存金有2000万美元。但到1999年，这一数字达到了253亿美元。更为重要的是，这笔保险浮存金过去33年的使用总成本一直是负成本。

在70年代，巴菲特慢慢地增加他在伯克夏公司中29%的股份。到70年代末，巴菲特及其夫人已经拥有公司46%的股份。这一比例是他能得到的最大数目。巴菲特大约拥有其中的52万股，平均成本为32.45每股美元。

第二章 积累财富

几乎他所有的财产都投入到伯克夏的股票上了。因此保持公司一定速度的成长就能确保个人的高回报率。

表 2.1 巴菲特经营伯克夏的业绩

日期	每股 账面价值	每股 增长率	至12月31日股价	年回报率	S&P 500 回报率	巴菲特	S&P
1965	$24	23.8%	$19		10.0%	$10,000	$10,000
1966	$29	20.3%	$17	-8.0%	-11.7%	$9,200	$8,830
1967	$32	11.0%	$20	15.7%	30.9%	$10,644	$11,558
1968	$38	19.0%	$37	82.7%	11.0%	$19,447	$12,830
1969	$44	16.2%	$42	13.5%	-8.4%	$22,073	$11,752
1970	$50	12.0%	$39	-7.1%	3.9%	$20,506	$12,211
1971	$58	16.4%	$69	79.5%	14.6%	$36,807	$13,993
1972	$71	21.7%	$79	14.3%	18.9%	$42,071	$16,638
1973	$74	4.7%	$71	-11.3%	-14.8%	$37,317	$14,176
1974	$78	5.5%	$40	-43.7%	-26.4%	$21,009	$10,433
1975	$95	21.9%	$38	-5.0%	37.2%	$19,959	$14,314
1976	$151	59.3%	$89	147.3%	23.6%	$49,358	$17,693
1977	$200	31.9%	$138	46.8%	-7.4%	$72,458	$16,383
1978	$248	24.0%	$152	13.8%	6.4%	$82,457	$17,432
1979	$336	35.7%	$320	102.5%	18.2%	$166,976	$20,604
1980	$401	19.3%	$425	32.8%	32.3%	$221,745	$27,260
1981	$526	31.4%	$560	31.8%	-5.0%	$292,259	$25,897
1982	$738	40.0%	$775	38.4%	21.4%	$404,487	$31,439
1983	$976	32.3%	$1,310	69.0%	22.4%	$683,583	$38,481
1984	$1,109	13.6%	$1,275	-2.7%	6.1%	$665,126	$40,828
1985	$1,644	48.2%	$2,430	93.7%	31.6%	$1,288,350	$53,730
1986	$2,073	26.1%	$2,820	14.2%	18.6%	$1,471,296	$63,724
1987	$2,447	19.5%	$2,950	4.6%	5.1%	$1,538,975	$66,974
1988	$2,976	20.1%	$4,700	59.3%	16.6%	$2,451,587	$78,091
1989	$4,298	44.4%	$8,675	84.6%	31.7%	$4,525,630	$102,846
1990	$4,614	7.4%	$6,675	-23.1%	-3.1%	$3,480,210	$99,658
1991	$6,437	39.6%	$9,050	35.6%	30.5%	$4,719,164	$130,053
1992	$7,745	20.3%	$11,750	29.8%	7.6%	$6,125,475	$139,937
1993	$8,854	14.3%	$16,325	38.9%	10.1%	$8,508,285	$154,071
1994	$10,083	13.9%	$20,450	25.0%	1.3%	$10,635,357	$156,074
1995	$14,025	43.1%	$32,100	57.4%	37.6%	$16,740,051	$214,758
1996	$19,011	31.8%	$34,100	6.2%	23.0%	$17,777,934	$264,152
1997	$25,488	34.1%	$46,000	34.9%	33.4%	$23,982,834	$352,379
1998	$37,801	48.3%	$70,000	52.2%	28.6%	$36,501,264	$453,160
1999	$37,987	0.5%	$56,100	-19.9%	21.0%	$29,237,512	$548,323

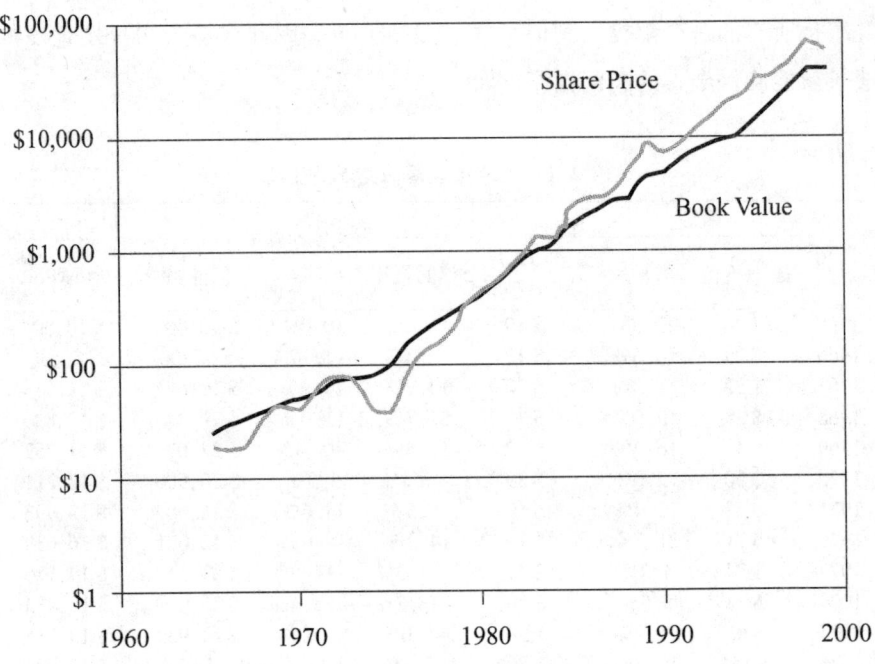

图 2.1　伯克夏的账面价值和股价增长趋势

表 2.1 与图 2.1 显示了巴菲特的多年投资成果。自 1965 年接管伯克夏后，巴菲特一直保持公司账面价值和股票价格每年超过 20% 的增长率。在投资界，这一纪录保持了 35 年，与同期股市每年大约 11% 的回报率相比，这一成绩简直是奇迹。巴菲特在伯克夏的经营记录就像是汉克·艾龙（Hank Aeron）在 35 年中每年打出 40 个本垒打，迈克尔·乔丹（Michael Jordan）连续 20 年在 NBA 中得分领先，或者杰克·尼克劳斯在 70 岁时第一次获得锦标赛冠军一样惊人。投资领域的数据告诉人们，投资总会有失败的时候，但巴菲特却不断打破自己的纪录。

增加账面价值

早年合伙投资基金的经营对巴菲特来说至关重要，没有第一步的积累

(1970年时资产2500万),巴菲特也不会成为亿万富翁。这些在五六十年代进行的各种投资与他后来因此成名的大规模投资同样重要。巴菲特的观念在接管伯克夏后发生了明显的改变。这时他最重要的目标是年复一年地增加伯克夏的账面价值,从而推动股票价格迅速上涨。同一切伟大的基金经理一样,巴菲特要把目光转向大集团,比如全世界都在关注的标准-普尔500企业的股票,这才是他的机会。巴菲特的朋友,作家大卫·克拉克(David Clack)曾说:"这也许是沃伦最非凡的行动。他与其他职业投资者买一样的股票,但成就却超过了所有人。"

到70年代末,巴菲特抛弃了格雷厄姆最严格的价值导向原则。他此时的投资哲学更接近菲利普·费雪(Philip Fisher),一位与格雷厄姆同时代的基金经理兼作家。格雷厄姆的投资理念是巴菲特遵循的基础,它就像金融界的金科玉律。由于1929年经济危机以及由此引发的大萧条,人们对股市普遍持有不信任的态度。而费雪的理论则从把人们从这种心理解放出来,他认为股市是美国经济持续增长的真实反映。根据费雪的"增长导向"模式,社会总产出的不断增长必然带动公司销售、收入以及公司价值的增长。如巴菲特所说,继续将资金倾注在烟蒂式的廉价股票上,最后只会亏损而不是赚钱。这就像花钱买一辆报废的二手车一样,或许它还能够完好地跑上一段时间,但最终会把油漏光。

巴菲特从廉价股票投资者成功转型顺应了时代的潮流。要想把伯克夏·哈撒韦建成一个金融大鳄,不能简单地把早年购并的企业组合在一起就能成功。(罗克伍德可可公司 Rockwood Cocoa,桑伯恩制图公司 Sanborn Map,西部天然气公司,坦普斯特制造公司 Dempster Mill Manufacturing,霍克柴德公司 Hochschild,科恩公司 Kohn&Co,蓝片邮票公司 Blue Chip Stamps 是巴菲特早期购并的7家公司)随着伯克夏的成长,巴菲特的投资也必须同时成长,他不能期待反复无常的股市给他带来机会。

伯克夏何以在股市驰骋?

表 2.2 总结了伯克夏·哈撒韦公司在过去 20 年中的主要投资并列出了到 1999 年 9 月为止巴菲特在这些投资上额外得到的收益。由于巴菲特总是在交易完成之后很久才披露交易细节,我们只能对这些交易的收益进行估算。我只能根据巴菲特出售股票时的价格确定其平均售价。到 1999 年,表中所列出的 14 只股票收益大大促进了伯克夏的账面价值及巴菲特净资产的增长。从税后利润来看,这些股票所产生的收入占公司 1999 年账面价值的 40% 以上。如果没有这些股票,伯克夏的股价将远远低于现在的价值。

表 2.2　伯克夏过去 20 年的主要投资

公司	收益（截至 1999）	成本	税前利润（百万）
可口可乐	200,000,000	$6.50	$11,700
美国运通	50,536,900	$29.09	$5,775
吉列公司	96,000,000	$6.25	$3,360
费雷迪马克	60,298,000	$5.11	$3,300
威尔斯法戈	63,595,180	$6.16	$2,535
CEICO	34,250,000	$1.33	$2,348
所罗门/旅行者 1998		$25.47	$1,400
投资天地/ABC/迪斯尼	51,202,242	$5.49	$1,311
华盛顿邮报	1,727,765	$6.14	$930
美洲航空 1998		$38.74	$550
通用电力	7,693,637	$18.00	$450
加内特	4,261,300	$24.45	$300
M&T 银行	506,930	$79.00	$235
PNC 银行	Sold in 1995 – 97	$25.86	$150

投资总计　$34,344

备注:包括之前卖出股票的收益
　　　总收益中包括 1994 – 1997 年卖出股份的特殊分红和利润
　　　收益中包括可转换优先股红利

　　巴菲特拥有伯克夏的 33.7% 的股份,因此从理论上来说,他为公司所创造的每一分钱税后都属于他自己,但人们常常忽略这一点。自 60 年代成为伯克夏公司总裁以来,巴菲特将自己的净资产从 2500 万美元积累到了 300 亿美元,而所支付的资本税却相对少得多。巴菲特把伯克夏·哈撒韦作为他的投资媒介,这就表示证券投资收益属于公司的经营收入,而不是巴菲特的个人收入。这样,证券投资收益增加了伯克夏的实力,因此也要交纳更多的税金,这反而增加了伯克夏的账面价值和内在价值。在这些年里,投资额的增长直接影响公司股价的上涨,同时也增加了巴菲特的净资产。如果巴菲特要出售伯克夏的股份,他就必须交纳相应的税金,但是20多年来他从来没有出售过伯克夏的股份。偶尔他会捐出适当的股份,但巴菲特却从来不卖他在六七十年代买下的股份。

伯克夏账面价值的提高与巴菲特净资产的增长一方面是他在股票投资单方面的收益带来的。另一方面,不断购并的企业也发挥了很大作用。伯克夏·哈撒韦像个聚宝盆,它把业务不同的众多公司集合在一起,从而利用公司的现金流投资。这些公司包括鲍尔舍姆珠宝公司、科比公司、奶制品皇后公司、艾克塞柯迪夫·杰特航运公司、保险及糖果销售等。(见表2.3和表2.4)

表2.3 伯克夏的子公司

保险集团——1999年收入,$14,710亿	资产 $842亿
CEICO	
伯克夏再保险公司	
通用再保险公司	
国家理赔公司	
塞普莱斯保险公司	
制造业、零售业、服务业——1999年收入 $59亿	资产 $40亿
阿德莱特电气公司	
蓝片邮票	
鲍尔舍珠宝	
布法罗新闻	
坎贝尔·豪斯菲尔德	
无忧公司	
克利夫兰木制品	
戴克斯制鞋	
道格拉斯制品	
杰特航运	

费希海默兄弟公司	
飞安国际	
法兰西公司	
布朗制鞋	
哈利科斯	
赫尔茨保钻石	
国际乳品王后公司	
乔丹家具	
贾斯汀实业	
金斯顿	
科比	
劳威尔制鞋	
玛利亚姆公司	
内布拉斯加家具连锁	
北路公司	
帕富温奇	
精密钢铁制品公司	
奎尔特	
斯科特医疗器械	
斯科特实验室	
西斯糖果	
斯塔赫	
星辰家具	
威尼燃气	
威尼给水系统	
西部实业	
西部塑制品	
R.C.威利	
世界图书	
金融服务——1999年收入 $8.46亿	$242亿
斯科特·菲茨财务公司	
伯克夏·哈撒韦人寿保险公司	
伯克夏·哈撒韦信托公司	
BH财务公司	

表 2.4　伯克夏·哈撒韦的利润和亏损（百万美元）

	1987	1988	1989	1990	1991	1992	1993	1994	1995	1996	1997	1998	1999
保险业务													
再保险										(8)	128	(21)	(1,440)
CEICO										171	281	269	24
其他业务	(55)	(11)	(24)	(27)	(120)	(109)	31	130	21	59	53	17	22
投资收入	153	231	244	327	332	355	375	419	502	726	882	974	2,482
布法罗新闻	39	42	46	44	37	48	51	54	47	50	56	53	55
金融服务						20	23	22	21	23	28	205	125
航空服务										3	140	181	225
家具	17	18	17	17	14	17	22	17	30	44	57	72	79
奶制品皇后公司												58	56
珠宝									34	28	32	39	51
斯科特	92	97	98	102	97	110	111	121	110	122	119	137	147
西斯糖果公司	32	33	34	40	42	42	41	48	50	52	59	62	74
鞋业公司					14	28	44	86	58	62	49	33	17
会计调整	(8)	(9)	(9)	(9)	(10)	(12)	(17)	(23)	(27)	(76)	(101)	(123)	(739)
利息支付	(12)	(36)	(42)	(76)	(89)	(99)	(57)	(60)	(56)	(94)	(107)	(100)	(109)
捐赠	(5)	(5)	(6)	(6)	(7)	(8)	(10)	(10)	(12)	(13)	(15)	(17)	(17)
其他	29	57	37	71	90	68	29	36	37	73	60	60	33
运营收益	282	418	393	483	400	461	643	839	815	1,221	1,721	1,899	1,085
投资收益	29	132	224	34	193	90	546	91	194	2,485	1,106	2,415	1,365
全部收益	310	550	617	517	593	551	1,190	931	1,009	3,706	2,827	4,314	2,450

这种组合乍一看似乎没意义，但是巴菲特在收购每家公司时是因为看到公司当时的特殊价值才决定购买。

1. 这些都是商业结构简单的盈利公司。
2. 这些公司都能产生大量现金供巴菲特进行再投资。
3. 每家公司在其领域内都有一定地位。
4. 每家公司都有稳定的管理团队。巴菲特说："我们自己无法提供一个管理团队。我要做的就是留住15–20名热爱其工作的经理，他们都已经赚够了钱，所以必须依靠兴趣才能保持他们工作的热情。"

5. 巴菲特购买这些公司的价格有助于增加伯克夏的账面价值，这一经济价值能够用数学模式来证明。巴菲特购买内布拉斯加家具店就是这样做的。罗斯·布拉钦（Rose Blumkin）回忆道："巴菲特来到我店里对我说'今天是我的生日，我想买下你的店，你想卖多少钱？'我说'6000万'。他就立刻去取了支票来。"

最后一点最重要，如果不能用数字证明一项投资能够盈利，那么就需要谨慎等待一段时间，直到价格和价值对等起来再做决定。下一章我们会探讨巴菲特的投资方法和选股标准。

第二部

数学思维

第三章

巴菲特数学 101　增长的力量

　　金融学科的发展使得这一行的从业者面对任何问题都能对症下药。这得益于几个世纪以来数学知识的演进。如今,投资者们可以轻松地用一系列逻辑严密的数学公式来管理个人财务。数学严肃独立,摒弃任何主观感情和偏见。选择股票时,如果能够排除主观感情带来的非理性干扰,你的选择就不会出差错。

　　财务管理人员坚信,人们跟钱打交道时,80%的难题都能用常用的数学方法解决。一名普通的消费者,只需懂一点代数知识就能轻松搞定生活中的各种选择:租车还是买车,是否偿还抵押贷款,买定期保险还是终身保险,是推缴税款还是按时交税但申请退税,信用卡分期支付还是一次支付,申请固定汇率的抵押贷款还是浮动汇率的贷款,自己投资还是找人代理并支付佣金。所有这些问题,数学知识都能帮你做出决定。

　　作为消费者,你要面对成百上千个类似的选择,而你的选择将影响个人的长期财务状况。表面看来,这些选择似乎让人煞费脑筋。其实,只要方法得当,花不了几分钟就能全部解决。像沃伦·巴菲特这样成功的投资者常常从数学中汲取灵感。但巴菲特与其他专业投资者又不一样,他不会完全依赖数据。数据很容易被篡改。一项看起来稳赚的投资有可能危机四伏,一只被高估的证券也能让人感觉很廉价,这些都是数据在作怪。只消修改收入预期中的一条假设,就能让25美元的股票看上去值100美元甚至更多。

然而,投资本质上是一个简单的过程。人们最多只需要理解基本的代数就能选择股票。运用初中的数学知识,投资新手就能长期获得很高的回报。"如果选股需要微积分的知识,我宁愿再去卖报纸",1994年,巴菲特在一次证券分析员的聚会上这样说:"最重要的一点是要算出公司的价值,然后除以公司发行的股票数目得出每股的实际价值。所以你至少要懂除法。如果你想买个农场、一套公寓或者一台干洗机,就根本用不上微积分。要判断你的决定正确与否得看公司未来的盈利能力,其次要看你购买这项资产的投资额。"

在投资中,数学只是工具。巴菲特认为数学不是用来验证人们的选股方法是否合理,而是去揭示某一交易是否盈利。懂得这几条基本的财务原则,投资者在面对股市时就能和巴菲特一样做出合理的分析判断。如果这一投资或购并通过计算能够带来利润,那么就可以实施。如果计算结果显示这一投资不赚,那就推迟或者放弃。

复利的力量

对沃伦·巴菲特这种人,不需做特别说明,他也明白复利的巨大作用。在投资中没有任何因素比时间的影响更深远。时间对个人财富的影响比税收、通货膨胀及失败的股票投资加起来的影响还要大。因为时间可以扩大这些因素的影响作用。一个错误的投资或许今天让你损失2000美元,但是一个不靠谱的决策可能让你错过机会从而损失5万美元。频繁的短期投资

第三章 巴菲特数学 101 增长的力量

获利能给投资者定期带来回报,但整体看来,短期交易也带来了巨额的税收负担。其实这些税收完全可以规避。同样,持久的通货膨胀,由于价格水平的持续上涨,会给投资者带来沉重负担。"绝对不能混淆手段和目标",巴菲特在给一位合伙人的信中写道,"税后的最大利润才是目标"。

人们常津津乐道这个故事:1626 年印第安人卖出曼哈顿时售价 24 美元,2000 年 1 月 1 日,他们得支付 2.5 万亿美元才能买回该地。而这个价格是 24 美元以每年 7% 的复利计算得出的结果。2001 年,曼哈顿的估价要上涨 1750 亿美元;2002 年,再上涨 1870 亿美元;到 2003 年还会再涨 2000 亿美元。一个人的财富如果按照这种方式累积且能免税,就能积累足够的财富改善生活水准。

巴菲特说,不要让时间白白流走。选择有发展潜力的公司并以合适的价格购买股票,然后耐心等待股价跟随公司的成长而上涨,这样做极少让投资者亏损。巴菲特多次提到:"时间是优秀企业的朋友,是不良企业的敌人。"优秀企业的内在价值持续上升的同时,会带动其股价一步步上涨。只需 5 年或稍长一点时间,公司价值的变化与股票价格的变化之间的相关性就能显示出来。对投资者来说,看着公司的销售与收入稳步增长,无异于美梦成真带来的那种喜悦。随着时间前进,复利逐渐发挥作用:你的资产日益增长且增幅越来越大。

表 3.1 和 3.2 展示出不同利率的复利计算结果。两点结论不言自明:

1. 时间将决定最终财富的数量。计算时间越长,最终的财富越大。
2. 回报率是最终财富数量的决定性因素。每年增加几个百分点,就能使最终财富数量成倍增长。例如,以 6% 的年回报率计算,1 美元在 30 年后变成 5.74 美元。以 10% 的回报率算,最终回报就是 17.45 美元,而 20% 的回报率带来的是 237 美元。(本书的目的就是帮助投资者找到这样的高回报率)

表 3.1 复利的作用:50 年后 1 美元变成多少

年 \ 增长率	4%	6%	8%	10%	12%	14%	16%	18%	20%	22%	24%	26%	28%	30%
1	$1.04	$1.06	$1.08	$1.10	$1.12	$1.14	$1.16	$1.18	$1.20	$1.22	$1.24	$1.26	$1.28	$1.30
2	$1.08	$1.12	$1.17	$1.21	$1.25	$1.30	$1.35	$1.39	$1.44	$1.49	$1.54	$1.59	$1.64	$1.69
3	$1.12	$1.19	$1.26	$1.33	$1.40	$1.48	$1.56	$1.64	$1.73	$1.82	$1.91	$2.00	$2.10	$2.20
4	$1.17	$1.26	$1.36	$1.46	$1.57	$1.69	$1.81	$1.94	$2.07	$2.22	$2.36	$2.52	$2.68	$2.86
5	$1.22	$1.34	$1.47	$1.61	$1.76	$1.93	$2.10	$2.29	$2.49	$2.70	$2.93	$3.18	$3.44	$3.71
6	$1.27	$1.42	$1.59	$1.77	$1.97	$2.19	$2.44	$2.70	$2.99	$3.30	$3.64	$4.00	$4.40	$4.83
7	$1.32	$1.50	$1.71	$1.95	$2.21	$2.50	$2.83	$3.19	$3.58	$4.02	$4.51	$5.04	$5.63	$6.27
8	$1.37	$1.59	$1.85	$2.14	$2.48	$2.85	$3.28	$3.76	$4.30	$4.91	$5.59	$6.35	$7.21	$8.16
9	$1.42	$1.69	$2.00	$2.36	$2.77	$3.25	$3.80	$4.44	$5.16	$5.99	$6.93	$8.00	$9.22	$10.60
10	$1.48	$1.79	$2.16	$2.59	$3.11	$3.71	$4.41	$5.23	$6.19	$7.30	$8.59	$10.09	$11.81	$13.79
15	$1.80	$2.40	$3.17	$4.18	$5.47	$7.14	$9.27	$11.97	$15.41	$19.74	$25.20	$32.03	$40.56	$51.19
20	$2.19	$3.21	$4.66	$6.73	$9.65	$13.74	$19.46	$27.39	$38.34	$53.36	$73.86	$102.00	$139.00	$190.00
25	$2.67	$4.29	$6.85	$10.83	$17.00	$26.46	$40.87	$62.67	$95.40	$144.00	$217.00	$323.00	$479.00	$706.00
30	$3.24	$5.74	$10.06	$17.45	$29.96	$50.95	$85.85	$143.00	$237.00	$390.00	$635.00	$1,026.00	$1,646.00	$2,620.00
35	$3.95	$7.69	$14.79	$28.10	$52.80	$98.10	$180.00	$328.00	$591.00	$1,053.00	$1,861.00	$3,258.00	$5,654.00	$9,728.00
40	$4.80	$10.29	$21.72	$45.26	$93.05	$189.00	$379.00	$750.00	$1,470.00	$2,847.00	$5,456.00	$10,347.00	$19,427.00	$36,119.00
45	$5.84	$13.76	$31.92	$72.89	$164.00	$364.00	$795.00	$1,717.00	$3,657.00	$7,695.00	$15,995.00	$32,861.00	$66,750.00	$134,107.00
50	$7.11	$18.42	$46.90	$117.00	$289.00	$700.00	$1,671.00	$3,927.00	$9,100.00	$20,797.00	$46,880.00	$104,358.00	$229,350.00	$497,929.00

第三章 巴菲特数学 101 增长的力量

表 3.2 投资成长的年份

回报率	2 倍	3 倍	4 倍	10 倍
4%	18	28	36	59
6%	12	19	24	40
8%	9	15	18	30
10%	8	12	15	25
12%	7	10	13	21
14%	6	9	11	18
16%	5	8	10	16
18%	5	7	9	14
20%	4	7	8	13
22%	4	6	7	12
24%	4	6	7	11
26%	3	5	6	10
28%	3	5	6	10
30%	3	5	6	9

复利计算的结果让年轻的巴菲特激动不已，他后来亲身实践了这一理论。他的传记中有许多这方面的故事。比如，他如何牢记复利和年金表中的数字以帮助自己估算投资盈利并使自己的资产升值。传记作家罗杰·劳恩斯坦 Roger Lawenstein 在书中曾提到，7 岁的巴菲特得了重病，不得不卧床修养，百无聊赖之中他在纸上演算自己将来财富逐年递增的趋势表，自娱自乐。

1962，巴菲特在做其合伙人公司的年度报告会上，一反常例，没有评论股市，而是讨论起"复利带来的喜悦"这一话题。即使 40 年后人们再读这份报告，也能从中看出当时年仅 32 岁的巴菲特那近乎顽固的节俭作风中的投资逻辑。在他看来，仅仅用复利就能让 1 美元有所产出并扩大收益，而浪费 1 美元，最终会给他、合伙人以及整个社会带来长期损失。在信中，巴菲特写道：如果当年西班牙没有资助哥伦布，会有什么结果？结论令人吃惊！

据非官方资料,我估算西班牙女王给哥伦布的财政资助大约是 3 万美元。这笔钱是顺利进行探险所需的最低数目。不考虑发现新大陆所带来的精神财富,需要指出的是……这项交易可以成就另一个 IBM 公司。我们来粗略的算一下,最初投资的 3 万美元以每年 4% 的复利计算,到现在值 2 万亿美元。

从财政角度来看,除了给未来的航行铺平道路,哥伦布到加勒比的 4 次探险航行并没给皇室带来实际收益。如果在 15 世纪末的时候,西班牙把这 3 万美元用于更明智的投资,到 1999 年,即巴菲特做出这一推理的 37 年后,女王的这笔钱将变成 8 万亿美元。这几乎是美国全年的经济产出,西班牙也会成为全球最强大的经济体。

当然,这种假设,即资产在未来 5 个世纪后的价值,对投资者没有实际意义,毕竟一个人幸运的话也就活八九十年。但是巴菲特的推理意义重大。让资金以复利形式再生产出巨大的经济利益,不仅对投资者,而且对资产委托人甚至整个社会都有利。

有人批评巴菲特,说他不像许多商业大亨那样,将巨额财富捐献给基金会或者慈善机构。然而巴菲特却有他独特的投资哲学。他认为,只要能够继续以高利率积累财富,对社会的贡献要比捐钱大得多。1999 年,他在《夜谈》节目中对主持人说,要是 20 年前他捐出大部分资金,社会只会多出 1 亿美元。正因为他没这么做,现在社会将得到 300 亿美元财富。如果他在 70 年代捐出了 1 亿财富,接受捐赠的人们不大可能创造出 300 亿的收益。如今有几个人能像巴菲特这样会赚钱呢?也许某一天,巴菲特基金将超过 1000 亿甚至 2000 亿,到那时再捐也许更好。

在这一点上,巴菲特的想法和许多公司老总不谋而合。如果公司目前运行良好、利润高,就应该保留分红并尽可能地追加资金。只有当公司无法创造高收益,才考虑向股东返还资金。毫无疑问,接受捐赠者不能像巴菲特那样创造财富,那么明天给社会留下更多财富不是比今天一笔捐出更划算吗?

"我的钱就是社会储蓄,而且能随时转化为消费",1988年巴菲特接受《绅士》杂志采访时说,"只要我愿意,我可以雇佣1万名工人为我画像,这样国内生产总值确实会增长,但我却没有任何收益。所以还不如让他们做诸如艾滋病研究、教师或护理等有益于社会的事情"。

市场上价值与价格的关系

长远看来,价格和价值之间始终相关,任何资产都不可能超越其根本价值。任何资产的价格最终体现出其真实的内在价值。这是一条金科玉律,适用于股票、债券、房地产、艺术品、货币、贵金属甚至整个美国经济,即所有受买卖双方估价而产生价格波动的资产。如果你理解了这一关系,就已经超越了大多数投资者。因为很多人常常忽略这一点。

从20年代中期到1999年,道琼斯工业指数以每年5.0%的复利率(按保留红利计息)增长。而同时期,30家道琼斯工业指数公司的收入增长率为4.7%。有趣的是,这些公司的账面价值年增长率为4.6%。增长率一致并非偶然。长时期内,公司股票的市场价值不可能远超其内在价值的增长率。当然,技术进步能够提高公司效率并使收益在短期内大增。但是竞争与商业循环的特点决定了公司销售、收入与股票之间的关系。繁荣时,公司利用规模经济和先进的设备使收入增长超越销售增长。衰退时,固定资产成本增高,公司收入也比销售量下降的要快。(这就是通常说的效率低下)

图3.1显示了艾伯特公司1960—1995年间股价与收入的增长情况。很显然,公司收入是股票价值的基础。在35年中,艾伯特的股价以每年15%的速度上涨,而艾伯特的收入也大致保持这一增长速度。收入和账面价值的增长决定了公司的内在价值的增加,从而促进股价的提升。近几年,艾伯特的股价与其收入增长几乎一致,1977—1989年段表现尤为明显。在这一时期内,股价几乎完全等同于公司预期增长。

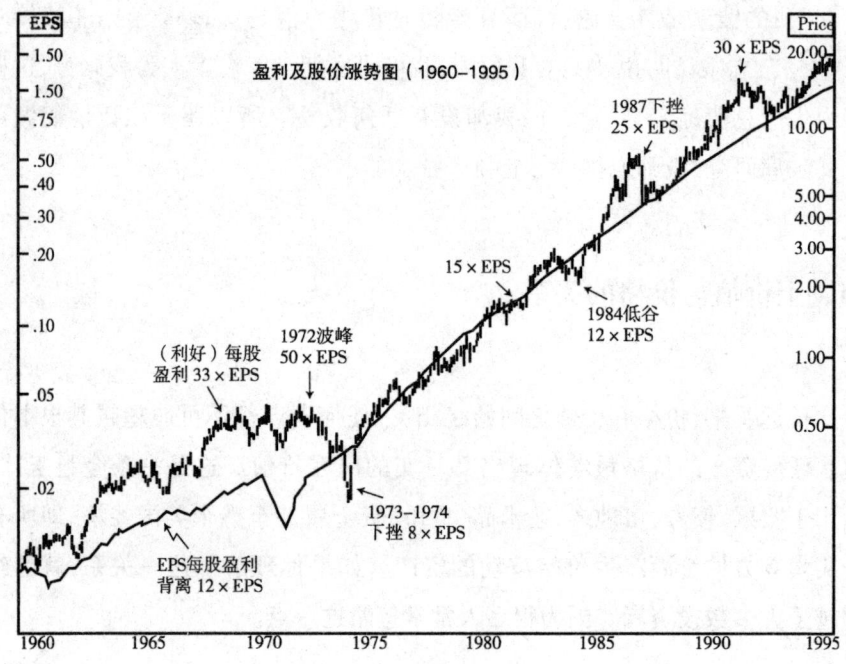

图3.1 艾伯特实验室（ABT）

如图所示，有几年艾伯特的股价似乎远远超过了公司的实际价值或者说预期增长率。例如，在60年代末和70年代初，艾伯特的股价的确超过了其收入。而在1971—1972年间股价达到最高点时，艾伯特的市盈率几乎是其收入的50倍之多。投资者们似乎也愿意出高价购买艾伯特的股票，期待有更高的回报。而实际上，艾伯特难以让投资者们如愿以偿。艾伯特的股价增长速度远超其收入增长速度，这种现象不可能维持多久。股价与公司价值之间出现的错位必然得到修正。在市盈率达到50倍后，艾伯特的股价开始狂跌，结果其股价跌至高峰股价时的1/3，低于其收入。

如果投资者头脑清楚并了解市场信息，就会让艾伯特这样的公司股价与公司内在价值长期持平。然而当大家一哄而上，投资者们愿意为一只股票的预期赢利而支付高价时，市场价格将偏离其真实价值。华尔街似乎也相信艾伯特这样的公司会一直保持非凡的高增长率，反而忽略了这家公司本身长期平稳的增长趋势。

当把市场运行及发展趋势放在整个经济背景中考察，价格与价值之间的关系就凸现出来。投资者绝不能买那些价格高于公司长期增长率的股票。相反，他们应该高度警惕那些价格上涨幅度超过公司价值增长幅度的股票。尽管一个人难以把握某公司的真实价值，但他仍能找到蛛丝马迹来估价。例如，某公司的股价在一段时期内增长了50%，而同期公司收入只增长了10%，那么股票价值很可能被高估了，这样投资者只能得到微薄的收益。相反，当股票价格下降而公司收入却上升，这时就该抓住机会赚上一笔。股票价格直线下降，且在市盈率低于公司预期增长率的状况下买进，这就是一桩不错的投资。

随着2000年的到来，股市中股票价格与股票价值严重偏离。像变魔术一样，一批高科技公司的股票价格以超过公司收入3—5倍的速度飞涨，投资者们一拥而上，甘愿支付高价，期望成为投资赢家，人们陷入一片狂热。他们相信传统的经济理论无法诠释当今的经济现象，美国已经进入新一轮的高速增长期。然而讽刺的是，政府公布了近几个季度的经济数据，却没有一项显示美国进入了新的高速增长期，所谓的高速增长只不过是华尔街一厢情愿的说词。

如果非要说这些数据指示出什么经济运行状况，那就是这些公司既没有大赚也没有大亏。在进入经济扩张时期的第9年后，他们的业绩平平。到1999年，公司的盈利能力与资产利用率和80年代晚期的水平差不多，唯一不同的是公司更加审慎地改善资本结构以增加其内在价值。但与大众观点不一的是，商业循环过程中的危机虽然不会马上出现，但并未消除。普通投资者并不在意还没到来的危机，他们觉得经济一片繁荣不会出现危机，公司收入也将持续增长。

在金融市场上，事实与预期不符必将给投资者巨大打击。在某些产业中，公众故意忽略事实，迫切希望一夜致富。他们疯狂购买高价股票，形成一个金字塔状的买卖结构。大批投资者大量买进互联网公司的股票,致使股票价格被人为抬高,从而吸引更多人跟进,导致恶性循环。一旦有人退出,剩下的投资者才幡然醒悟,意识到手中的股票并不值这个价。在撰写本书的那段时间,正赶上互联网公司股价下跌,股市形成一个巨大的黑洞,无数投资者的资金被卷入而无法追回。

价格须与价值一致

价格必将体现价值,推动这一结果的力量不可逆转。截取过去的任何一个时间段来看,标准—普尔500工业公司的收入总是低于其销售的增长,而其销售增长也始终低于整个美国的经济总产出。因此,股票价格取决于收入增长,而收入取决于销售增长,销售取决于经济产出的增长,那么股价就不可能以高于经济增长的速度上涨。但实际情况恰恰相反。自1994年第四季度起至1999年末,美国经济产出大约增加了1万亿美元。相反,股市价值同期增长了6万亿美元。事实决定股票价格增长速度不可能长期高于公司收入增幅。所以,变化不可避免:要么股价回落与收入保持一致,要么公司收入增长以赶上股价涨幅。2000年的华尔街认为后者才会实现。这一信念导致股价飞升至不可思议的高度。投资者们高估微软、思科以及通用公司的股价,好像他们就是世界上最大的经济体。一家不知名的公司,Ariba,在还没有实质收入的情况下,市值就已经被高估至250亿美元。这个价格比苹果电脑公司的价格都高。高通公司在股市上的估价之高让人们认为这家公司年均销售增长将保持47%不变。

当你冷静思考这种状况,就会觉得这么做简直愚蠢。标准—普尔500公司的总市值永远不会超过整个社会的经济规模总量。诺贝尔奖获得者詹姆斯·托宾James Tobin在1969年就提出了这一理论。当时,他设计出一组比例关系,用来对比股市价值与国内生产总值和资产替代成本的关系。运用这一模式,90年代末,美国企业全部资产的股市价值就超过了美国国内生产总值。这一状况自1929年首次出现。也是史上第一次如此狂热的民间投资高潮。为标准—普尔500股票支付高价的投资者无异于一些电影公司的做法。他们为影星支付5000万美元的片酬却只有2000万美元的票房收入。理性丧失必然导致投资亏损。

巴菲特多次提到,股票价格最终会回归其价值。60年代中期的分析家认为IBM公司将以15%—16%的速度持续增长。如果这一预期得到实现,到1999年末IBM公司的股票市值将达到6120亿美元,占美国经济总产出的7%,而且IBM公司的收入达到微软的15倍。如果沃尔玛的销售增长如分析家所言,它今天的收入将占整个行业的14%。80年代,加州的房价增幅是当地收入增长的3倍,但最终房价还是回落至其价值水平或人们的支付水平上。

本杰明·格雷厄姆曾指出投资者面临的最大困境就是价格与价值不符,价格与事实不符以及盲目跟风。如果你希望通过预测他们的交易致富,"你必须在做许多人做的同一件事情上比你的竞争者要好才行"。

摒弃华尔街的预测

20世纪最伟大的投资者们都敢想敢做,不受世俗框架的约束。他们不甘于"平均水平"的经营业绩,而是极力超越同行。作为投资者,如果你想在时代中胜出,最好回顾一下这些人的历史。他们每年都保持20%的回报率,因为他们设定这一目标并努力实现。运气或良好的自我感觉不能给你带来这样的业绩。市场不会总眷顾一个平庸之辈。

90年代经济繁荣的时候,投资者们预期股市回报率为11%。然而事实上70年以来的数据表明,股市长期回报率大约就是11%。接受这一标准意味着你只能做一个普通的投资者。大部分投资者盲目崇拜华尔街的数据和选股策略,而这些只能带给他们市场平均的回报率。有些投资者一次购买多种股票,也会影响平均收益。证据表明,一个人拥有的股票种类越多,他的回报反而一般。另外有些投资者持有太多垃圾股,抵消了绩优股的回报,从而导致他们的长期回报率较低。还有一些投资者过于冒险,购买实际价值低的高价股票,也许会小赚一次,但长期看来,总收入必然受到影响。

经纪人、财务管理人、会计师、基金经理都在劝说投资人接受11%的年回报率。人们年复一年的重复这个数字,给人一种错觉,好像11%就是牛市的一个标志。其实这个数字是有来由的:1926—1999年间,投资者一揽子购买大企业发行的股票,然后以复利计算回报率结果就是11%。由于投资者在预测股市走向时没有另外的参照标准,他们只得依赖11%这个数据。然而,推断股价走向具有其内在风险,因为股市不会按照人为规则发展。就在1973年和1974年熊市开始之前,许多人撰文称一个新的增长时代就要来临,股市注定要持续长久增长。财务管理人制作了大量投资手册,告诉投资者们应该如何投资以获得丰厚回报。

今天,许多人认为股市将会有突破性增长。经济学家们也大谈美国制造业生产力正在经历巨大改善,这将开启高收益的新时代。更有人认为,美国经济将不再出现经济衰退,股市也不会出现熊市。确实,许多市场战略家认准了跳跃式发展的增长模式。他们希望人们相信股市将在现有的基础上以11%的年增长速度持续发展下去,而不是每年增长率为11%。他们已为股市发展谋划了新的增长趋势图,并告诉人们过去值得借鉴,但只有好年景才算数。

不幸的是市场并不会遵循这种人为规则。没人能确保历史会重演。美国股市在过去70年的平均增长率是11%,并不能说明未来的70年依然如此。股市过去的记录并不能让人们预见未来几年内股市的发展。投资者仅仅依赖一些难以捉摸的数据,而不是关注公司本身及其经营业绩,将很难达成所愿。投资者的投资策略变化过快,不屑于公司分析报告或者没有适时监督投资运行状况,都会导致平庸的业绩和回报。

第三章　巴菲特数学101　增长的力量

想成功投资，你首先要抛开股市原有的数据，也不要把过去的回报当做现在分析的基础。标准—普尔500指数11%的年增长率不能预示今后几十年的回报率仍能保持这一水平。也许回报率会跌至5%，也许会上涨至20%。根据巴菲特的经验，在股市止跌转升之前，股市的回报率往往不容乐观。一旦投资者学会拒绝华尔街所提供的数据信息，他就不再受到任何影响，从而设定自己的目标。巴菲特告诉投资者们，他们能够获得远远超过市场平均记录的回报率，无论这个平均记录是每年10%、2%还是20%。

当然，复利方法也会发挥反作用。落后于市场回报的损失与超出市场回报所得到的收益一样引人注目。如果年回报率为8%，那么30年后的投资回报将比标准—普尔500指数低73%。投资中几个重大的错误会大大降低投资回报。持有一只业绩较差的股票时间越长，你离致富目标的距离就越远。投资范围太广也会妨碍你超越11%的年回报率。相反，投资范围过窄，你就得精益求精的选择股票，只要有一次失误就会让你多年恢复不过来。

巴菲特在1988年的年度报告中写道：设定超越市场目标值得一试，这会带来长期的巨大回报。从1926年至1988年的60余年，股市年平均增长率是10%。"这就说明，如果将每年的收入都用于投资的话，最初的1000美元将变成40.5万美元。而20%的年回报率则带来9700万美元的收入。这一巨大的差别显然会激发人们的好奇心。"

数学能预测股市未来吗？

沃伦·巴菲特极少断言股市发展动向，也从不就经济或利率升降发表议论。只有当他公开了自己的经营过程，人们才对他的投资方法有所了解。而他总是在交易完成后又保密好几个月才公布。即便巴菲特的策略已经公开，他常常对自己下一步的打算保持沉默，不漏半点口风。因此，当巴菲特于1999年举办了一系列演讲并公开评论股市时，投资者们都被他吸引过去。

巴菲特详细分析了股市的业绩、经济的走向并预测未来几年股市的利润回报率持续走低。这一系列演讲被刊登在 1999 年 11 月的《财富》杂志上,下文即演讲的节选。它向投资者展示如何运用数学预测股市并得出结论:投资者将不可能像以前那样在股市上赢得同等数量的回报。

股市中常出现这种情况:股票价格与公司价值长期不符。然而价值最终决定价格水平。让我们回顾一下 34 年来的股市表现并做前后对比。首先考察 1964—1981 的 17 年间发生的情况:

道琼斯平均工业指数
1964 年 12 月 31 日:874.12
1981 年 12 月 31 日:875.00

在人们印象中,我在投资上总是耐心十足。但这个增长,即使在我看来,也实在太慢了。

事实上这些年还有一些重要事件发生:在这 17 年里,美国的国内生产总值 GDP 几乎翻了 5 倍,增长了 370%。再看另一个数据,财富 500 企业的销售(这些企业的组成有所变化)增长了 6 倍还多。然而道琼斯指数却没什么变化。

要弄清楚这一现象,我们首先需要了解影响投资的两个重要变量之一:利息率。它对价值的影响就像地心引力对物体的影响一样:利息率越高,价值降低的可能性越大……1964—1981 年间,政府长期债券的利息率大幅上涨,从 1964 年底的 4% 涨到了 1981 年末的 15% 以上。这一增长严重抑制了投资价值的上涨。

20 世纪 80 年代初,出现转变。当年保罗·沃尔克 Paul Volcker 出任美联储主席,而且政策极不得人心。但是他所做的最有意义的一件事就是降低了通货膨胀,从而扭转了利率持续上涨的趋势,对未来影响巨大。

利率的变化同样会推动股票的发展。这 17 年中,股票市场出现了这样的变化:假设你在 1981 年用 100 万美元购买道琼斯工业指数企业的股票,并将全部收益再投资,到 1988 年 12 月 31 日你将得到超过 1972 万美元的收益,年回报率 19%。

自 1981 年以来,股票价值的增长速度是前所未有的。1932 年 7 月 8 号,即大萧条时期股市处于谷底的那一天,如果你在当天购买股票,17 年后的收益也比不上这一阶段的增长。

公司税后利润是这 17 年中影响股票价格的第二个关键因素。1929 年,公司利润在 GDP 中的比重达到了最大值。但是从 1951 年起,这一比例降至 4%—6.5%。到 1981 年,这一比例仍有所下降,于 1982 年降至 3.5%。此时投资者遭遇两大难题:利润低,利息率高。

遇到问题时,投资者的一贯做法是从过去的经历中寻找办法。他们难逃窠臼,总是习惯向后看,而不是向前看。而过去的经历让他们对国家的经济走向失去信心:过高的利息率、过低的利润,这和以前糟糕的情况一模一样。因此,尽管 GDP 翻了 5 倍,他们的结论仍然是:今天道琼斯工业指数和 17 年前一样。

然而,从 1982 年起的 17 年间又发生了什么呢?GDP 并没有像前 17 年那样上涨了 5 倍,只是上涨了不到 3 倍。但是利息率下降了。随着沃尔克政策影响的消退,利润开始上升。到 90 年代后期,税后利润在 GDP 中的比重上升到 6%,这一数字已经超越了平均的增长速度。到 1998 年末,政府长期债券利息率下降到 5%。

投资者关注的这两个数字发生了戏剧性变化。正是这一变化导致后 17 年间股票价格上涨了 10 倍多,道琼斯工业指数从 875 点涨到 9181 点。

除此之外,市场心理因素也发挥作用。处于牛市时,无论怎样投资都能有不错的收益,人们就会蜂拥入股市。不再关注利息率和利润,而是觉得不抓紧时间买股票就是失策。实际上，这些人都抱着发财的想法拥入股市，从而推动股市的运行。就像巴甫洛夫的条件反射实验中的狗一样，投资者觉得每天上午 9:30 纽约股市一开市，他们就要进去买股票。天天重复下去，他们就产生了错觉，似乎上帝在召唤他们进去交易。

如今，大多数投资者回想起这段经历，就对未来充满了信心。6 月份的一份调查显示即使是投资新手（即投资时间少于 5 年的人），都预见今后 10 年的年回报率是 22.6%。而那些投资经验超过 20 年的投资者仅有 12.9% 的预期回报率。

现在我要说明我们甚至达不到 12.9% 的回报率。原因很简单。如果一个投资者要在 10 年或者 20 年中达到较高的回报率，以下三个条件至少满足一个。我先谈其中两个：

1. 利率进一步降低。
2. 公司收益在 GDP 中的比重上升。

有人说，纽约的律师比市民数量还多。我想这些人也会认为利润会超过 GDP 总量。当你开始关注部分的增长而不是整体，你的计算结果就会出问题。我认为，只有盲目乐观的人才会相信公司的利润在 GDP 中的比重会超过 6% 并持续下去。能让这一比例下降的唯一原因就是竞争，而竞争无处不在。

那么合理的假设结果如何呢？假设 GDP 以年 5% 的速度增长，其中 3% 是实际增长，2% 是通货膨胀。但同时利率没有进一步下降，那么股票整体值就不会高于 5%。

我们还是假设 GDP 增长率为 5%，而且这一数字是平均回报率的上限：你总不能在美国经济增长只有 5% 的时候指望 12% 的回报率，更不用说 22.6% 了。不可更改的是这样一个事实：无论是什么形式的资产，增长速度都不可能长期维持在其受益水平之上。

我认为今后 17 年中证券价格不会像过去 17 年中那样上涨。如果让我预测回报率，考虑到货币升值及分红因素，并且当前利率不变，有 2% 的通货膨胀率，投资者总体上（强调一下，是总体上）的回报率是 6%。如果再扣除通货膨胀带来的损失，实际回报率只有 4%。如果这一数字有误，我觉得只能低不会高。

第四章

巴菲特数学201　四两拨千斤

在前一章,我向投资者介绍了两种投资方式,都是遵循数学原则来获得更多回报。第一种方式是投资者长期持股,通过复利计息获得最大的投资回报。第二种方式是投资者设定高回报率的目标,也能取得和第一种方式相同的收益效果。投资者千万不能仅仅满足于市场平均回报率,他们应该寻求更多高效的方法以增加自己的投资回报。比如,每年努力使自己的回报率高出平均水平几个百分点,多年积累下来回报也会非常丰厚。我曾证明过这一点,回报率每年只要上升4个点,在30年中的投资回报就会比平均水平高出3倍。

　　大部分数学家和学者们认为这种高回报只是意外之财,可遇不可求。要想长久获得这种"非"正常的高回报,投资者要么得承担较高的风险,要么单纯是运气太好。但是,巴菲特和他之前的几代价值投资者已经用实际行动证明,这一观点根本站不住脚。人们不仅能获得超过市场平均水平的高回报,而且不必承担过多的风险。本章将讨论的是巴菲特的3个投资策略。它们曾为巴菲特的成功做出贡献,当然也将同样为你带来更多财富。其实,这不需要投资者付出更多的心血就能实施它们。投资者只需牢记一点:保持理性。实际上,这和减肥有点相似。少

第四章 巴菲特数学201 四两拨千斤

吃就能让你减轻体重，达成所愿，同样，投资者少费些无用功也能赚到更多钱。

第一步：低价购买

1999年，一位朋友打来电话，给我留下了深刻印象。当时，我的这位客户关注美国在线American Online的股票很久，但是一直犹豫不决，不知道什么时候出手最合适。

"我决定买了。这只股票我看了一年多，它一直在涨，所以迟迟没出手。"

"这一年来你一直觉得它价格太高，为什么现在决定买呢？"

"看这种涨势，我觉得它还会涨。我现在买的话也会赚，现在哪还有股票有这样的发展势头。"

在股市上，只有"低买高卖"才能赚，可现在看来，股民们似乎都在"高买，希望更高卖"。我非常理解投资者本人的心情，他迫切期望得到更多的财富，但是盲目从众，不加思考地跟风，正是犯了投资之大忌。既然投资的目标在于高回报，投资者在购买股票之前必然衡量股票的潜在回报率，但是大多数投资者没考虑到这一点：他所购买的股票升值空间是有限的。买之前，他们没有设定一个期望的回报率，比如15%，或者两年内上涨50%。虽然过来人的经验告诉他们，只有在股价接近谷底的时候买入，而不是升到高峰的时候买入才能获得高回报，他们仍然被股价牵着鼻子走，一看到涨势，就买入。有时候，尽管价格高的有点离谱，他们也不探究原因，只是盲目相信股价会照这个速度继续涨上去。

低价买入这一策略既可应用于整个股市，也可用于个人投资，诸如购买美国在线或者戴尔Dell Computer的股票。这两只股票在过去几年中涨势迅猛,所以未来几年将不会给投资者更多的惊喜。谁会相信戴尔的股票到2002年能上涨20%？更别说4倍了。大多数分析员此刻还是明智清醒的,他们普遍认为这只股票在未来几年中上涨2倍都不可能。可惜的是,大多数的投资者只看到最近几年的上涨情况,就断定未来形势会大好,这并不科学。戴尔的股价在1994—1998年间涨了60倍,他们当时没抓住这个好机会,感到痛心疾首,现在人人都唯恐自己买不到戴尔的股票而再次错失良机。然后,一旦购买成为事实,他们能做的就只是尽力说服自己,去相信这股票还会涨60倍。但是,这种情况怎么可能会再发生呢？

20世纪那些伟大的基金经理们,巴菲特、本杰明·格雷厄姆、约翰·内夫、约翰·坦普立顿、菲利普·费雪、劳伦斯·蒂什、瓦尔特·斯克劳斯、菲利普·卡雷特等,他们都笃信价值投资的原则,并且都实践了格雷厄姆在30年代提出的投资策略。在长达40年的教书生涯中,格雷厄姆向成百上千的学生讲解过购买股价低于公司内在价值的股票这一原则。他举了一个简单的例子,用50美元去购买价值达到或者超过75美元的公司股票,这样才能获得高回报率。他说,价值被低估的股票最终将上涨,而被高估的股票最近价格会回落。这是个万能原则,有上涨潜力的股票必将给投资者带来更大回报。

表面看来,格雷厄姆所传授的原则和巴菲特从他那受到的教益确实有道理。你要想扩大回报,就必须尽可能的低价购买股票。购买价格越低,将来的回报就可能越高。比如,你想通过购买英特尔公司Intel的股票这一投资让自己的钱翻一番,那么你能花75美元买一只股票,就不要花90甚至100美元去购买。与之类似,花8美元购买戴尔公司股票的投资者比花18甚至38美元购买的投资者会得到更高的回报率。然而,巴菲特与格雷厄姆还是有一点不同。除了价格低,巴菲特还看重公司增长的潜力和品质。一只价格被低估的股票并不一定给投资者带来高回报,市场上每天都有大量的"廉价"股。只有选择那些处于增长阶段的公司股票才能带来最好的回报。虽然,当前的股价被低估,但公司的发展状况良好,必将带动股价上涨速度超过股市平均水平。

许多基金管理人用不同的方式实践着格雷厄姆的价值投资理念,并取得了惊人的长期回报。约翰·坦普立顿将格雷厄姆的价值导向原则与逆向投资策略结合起来。就是说,当大多数人都出售股票时,坦普立顿就买进;而当大多数人都购买时,坦普立顿就卖出。内夫形成了一套独特的逆向投资方法。他强调在选择股票时要重视财务比率。斯克劳斯遵循格雷厄姆的严格资产负债表原则。他只购买那些股价低于公司资产价值或者清算价格的股票。自1965年起,40多年来,他轻而易举地保持着超过市场平均回报率的记录。费雪则选择少数几只增长型股票,并长期持有。

有时候,学者们评论巴菲特以及其他的价值投资者是股市中的异类,纯属偶然。他们说任意1000万个投资人中,总能找出几匹黑马,这就像一伙人玩轮盘赌,他们中间总会有几个人连续赢6次。那么,又该如何解释几乎所有成功的投资者都以价值导向为原则这一事实呢?巴菲特这样说:"在这个成功投资者的群体中,有着一个共同的学术导师,本杰明·格雷厄姆。离开这位导师后,他们却用截然不同的方式取得了自己的成就。他们分散在各地,购买不同的股票和公司,然而创造的业绩同样惊人,这绝对不是偶然因素能解释的。这些投资人的共同点是:他们寻找价值与股票价格不一致的公司。这些投资者并不关心股票资产定价β模式或者股票回报协方差这类数据,他们对这些毫无兴趣。事实上他们大多数人都不熟悉这些东西。实际上,他们只关注两个变量:价格和价值。"

在过去的70年中,大量的研究已经证实,购买被低估的股票而不是高价股票,才能使投资者得到更多的回报。但投资者用什么标准和方法来衡量价值因人而异。购买这些被低估的股票必然使投资者收获颇丰。例如,格雷厄姆就发现,投资者通过购买那些股价低于公司净资产价值的股票将获得高额回报。其后的研究也发现,购买股价低于公司账面价值的股票并长期持有同样获得高额回报。在过去的20年中,几项研究都显示出,"比率"在投资中发挥巨大作用:价格—收益比率(P/E),价格—销售比率(P/S),价格—账面价值比率(P/B)。研究表明,选择这些比率处于低值范围的股票,投资者将获得更高的收益。

无论应用什么方法，投资者如果足够"节俭"，一般能增加收益。但投资者们常常失去理性，被一些看似诱人的股票吸引，付出高于正常的价格。当股价跌下来，又盲目从众，疯狂抛售。他们似乎潜意识里对价格下降的股票有一种心理抵触。而那些生来"节俭"的投资者们却相反，他们往往更愿意光顾这类股票。如果对价值没有敏锐清楚的认识，投资者就不会对股价成本敏感；没有对公司价值进行研究，投资者也很难理解价值这一概念。那些对公司前景具有理性把握，并在价格合适时主动出击的投资者与"大众驱使"派，即总效仿他人的投资者，相比有莫大的优势。

无论是购买高增长的科技股，还是低价格收入比的工业股，或者只是投资指数基金，历史经验都表明"低买"才是上策。假定投资者自1970年起每年年初5000美元购买道·琼斯工业指数公司的股票。到1999年底，这些投资将增长为111.7万美元，相当于每年9%的复利率。如果投资者用这笔钱购买的是高价股票，最终收入差不多就是这个数目。因为经验表明，每年的年末前后，股票价格往往上涨到最高。

然而，如果投资者决定每年用5000美元在当年股价最低时买进，那么到1999年，他会收入150万美元，比前者高出34%。在过去50年中，这两种投资方式在任一时间段内都会导致这样不同的结果。在股价处于年度最低点时投资显然会在日后增加收益。表4.1显示了这一结果。

表4.1　低价买入的优势：5000美元投资的不同收益

买入年份	当年最高价	当年最低价	差异
1990	$116,567	$161,857	38.9%
1985	$251,020	$365,173	45.5%
1980	$507,648	$712,758	40.4%
1975	$814,268	$1,119,331	37.5%
1970	$1,117,563	$1,494,738	33.7%
1965	$1,413,305	$1,858,216	31.5%
1960	$1,794,009	$2,350,262	31.0%
1955	$2,315,573	$3,096,563	33.7%
1950	$3,303,152	$4,433,716	34.2%

假设投资者在最高价买入
假设投资者在最低价买入

很明显，仅仅是有股价成本意识，投资者就能够扩大其收入，并毫不费力地超过道·琼斯工业指数的收益回报，而选择哪一年投资或者购买股票并不重要。关键是，在每年股价最低时买入，这使投资的最终收益能增多30%—45%。当然，任何人都不敢保证每年股市的最低点或最高点什么时候会出现。只有回顾以往的数据时，人们才能下结论。但有一个事实很明确，在股市下跌期间购买股票比在股市上涨期间购买股票要有利得多。投资者不一定在股价最低点买入，从而比那些买高价股票的人收入高出一大截。当然，市场的运动总有可能导致这种状况发生。无论投资者身处牛市还是熊市，股市一年中的波动足以给投资者机会去赚到一笔，所以投资者应该抓住机会。

第二步：保持资金的集中

如今对自己投资组合满意的人少之又少。有些投资者后悔自己没及时关注指数变化，从而错失牛市的选股良机。也有些投资者埋怨自己盲目跟风，结果发财美梦成为泡沫。也许，他们都遇到了一个普遍的问题：股票是否应该多元化。很少有投资者能够混合购买多种股票并保持收益平衡。最坏的情况是一些投资者同时持有几十家公司的股票。另外一些人同时持有十几种信托基金，而好几种基金又包含同类型的股票。似乎他们只有让自己手中的股票极度多元化才有安全感。

然而，多元化往往阻碍投资者获得高回报。只有极少数职业投资者在持有数十种股票的同时获得超过市场平均水平的收益率。而他们中，又有极少一部分投资者，例如彼得·林奇（Peter Lynch）能依靠个人的选股技巧与勤奋成功。其他人通常只是运气好，情况往往是组合中的几只股票发展非凡，带回巨大收益，从而使得这个投资组合的回报率仍然能够超过市场的平均水平。一个基金经理能够靠一年中赚得的80%的回报过上几年的好日子。即使他的业绩在随后的几年中落后他人，仅一次80%的回报率就能保证他的投资组合领先于道·琼斯工业指数和标准—普尔指数好几年。

但是,像沃伦·巴菲特和菲利普·费雪那样伟大的价值投资家从来都不采用多元化策略。他们敏锐地觉察到,多元化不仅不会给投资者带来长期利益,还会降低潜在回报率。在1996年的年会上,巴菲特告诉投资者们:"多元化是无知的借口。"一个人拥有的股票种类太多,必然不能密切关注其股票盈利与亏损状况,也难以明察每家公司的财务业绩。此外,多元化也难以实现回报率逐年递增的目标。一旦投资者拥有了30种以上的股票,扩大回报就变得比在迈阿密港口围着巡洋舰转圈还难。

有绝大多数的投资者拥有25只甚至更多的不同股票。25这个数目不是关键,问题在于,这些投资者只对其中的几只股票有所了解。他们害怕在一个篮子里装了所有的鸡蛋,所以尽力多元化自己的股票,结果对自己不了解的公司投资得过多,而对自己了解的公司投资得又太少。他们从来都不知道,购买不了解的公司股票要比没有充分多元化自己的资金更危险。

理论上讲,合适的多元化投资不存在"非系统性"风险。就是说,其中一只股票不会导致整个投资组合回报的重大损失。通过组合20—30种或者更多的股票,投资者确实能够保证某只股票的危害性后果不会影响整个组合。有一只股票下跌,就会有一只上涨,这样得失平衡。但是再好的多元化也不能完全消除投资者损失的风险。整个市场不景气时,最好的信托基金也会有损失,多元化最多就降低了损失的概率。人们永远避不开"系统性"的损失,即意外事件导致整个股市的下挫。因此研究表明,投资者所能做的最好准备就是将你的资金分散开,投资于债券、外国股票等多个地方,以避开股市崩盘带来的致命打击。

像巴菲特这样的价值投资者并不理会风险和回报这套理论,也不像"学者"们那样通过股价变动来衡量风险。对巴菲特而言,风险来自于投资者不够勤勉,即他没去关注一家值得关注的公司。并购企业之前,不要过分关注不确定的因素,投资者不必担心股票价格异常变动所带来的账面损失。"我只把精力投入到能确定的事情上。"巴菲特在1994年这样说,"如果你也这样做了,那么风险的那套说法就不会在你身上应验。"你不会在有较大风险的地方投资,而你深知所投资的股票内在价值,这样风险就没了。如果一个投资组合包括8—12家公司的股票,在低价时买入,增长势头明显,那么必将带来超额的回报。

1999年,基金经理、巴菲特传记作者小罗伯特·黑格斯特龙(Robert Hagstrom)明确表示,多元化只会导致平庸的业绩。他将1979年到1986年间12000项规模不同的投资组合数据输入电脑,然后将这些投资组合按照收入与盈利多少排列出来。他将这些投资组合按照其购买股票数量的多少以每组3000项分为四类:第一组中每项投资组合持有250种股票,第二组每项持有100种,第三组每项持有50种,最后一组每项持有15种股票。然后,他以10年和18年为期列出每项投资组合的年收益率并制作了分析图表。选择一个较长的时间段是为了在一个完整的经济循环期内观察市场变动对不同规模投资组合的影响。他的研究结果证实了许多高明的投资者的预见:

要想获得超越市场成长水平的收益率,你必须保持小规模的投资组合。

数据显示,随机选择的投资组合收益稍稍低于同期标准—普尔500企业股票的回报。因为标准—普尔500企业几乎囊括了在八九十年代表现最好的股票,而随机选择的投资组合多少会选到一些业绩较差的股票,从而降低整体回报。然而,黑格斯特龙发现投资组合的规模差异将带来业绩的显著区别。具体来说,拥有股票数量最多的投资组合的收益和相同规模的投资组合的回报接近。相反,拥有股票数量最多的投资组合的回报则远远高于平均水平的投资收益。只有15只股票的投资组合比其他拥有股票数量更多的投资组合更容易给投资者带来超过市场平均回报的收益,也有很大的可能获得高于标准—普尔500企业指数的收益率。

在到1996年为止的10年之中,标准—普尔500企业指数的年收益率是15.23%,黑格斯特龙研究的随机投资组合的回报率与此类似,大约在

13.75%—13.91%之间,但每组内的投资组合回报率却相去甚远。那些只有15只股票的投资组合年收益率从4.41%—26.59%不等。其中大部分集中于11%—16%。拥有50只股票的投资组合年收益率范围在8.62%—19.17%之间,其中大部分集中在12.3%—15.4%的范围内。随着投资组合规模的增大,回报率的范围在不断缩小。数据表明随着投资组合范围的缩小,回报率越来越相近,但回报率之间的差异却扩大了。(表4.2—4.3)黑格斯特龙总结说:"这一结论有力地证明了这一点,投资组合规模越小,赢利可能越大。"手握一项只有15只股票的投资组合,投资者有1/4的概率超过市场平均回报率。而一项250只股票的投资组合会使投资者的这一机会降低到1/50。

表4.2 持股10年(截止到1996年)

	组合规模				标准—普尔 500指股票
	15只股票	50只股票	100只股票	250只股票	
平均收益	13.75%	13.87%	13.86%	13.91%	15.23%
标准区间	11.0—16.5%	12.3—15.4%	12.8—15.0%	13.3—14.6%	
最低收益	4.41%	8.62%	10.02%	11.47%	
最高收益	26.59%	19.17%	18.32%	16.00%	

标准区间指2/3的投资组合的收益范围
资料来源:小罗伯特·哈格斯特朗,《巴菲特的投资组合》,纽约:约翰威利国际出版社,1999

表4.3 持股18年(截止到1996年)

	组合规模				标准—普尔 500指股票
	15只股票	50只股票	100只股票	250只股票	
平均收益	17.34%	17.47%	17.57%	17.61%	16.32%
标准区间	15.1—19.6%	16.2—18.7%	16.7—18.5%	17.1—18.1%	
最低收益	8.77%	13.56%	14.71%	16.04%	
最高收益	25.04%	21.80%	20.65%	19.20%	

标准区间指2/3的投资组合的收益范围
资料来源:小罗伯特·哈格斯特朗,《巴菲特的投资组合》,纽约:约翰威利国际出版社,1999

当然,仅仅保持小规模的投资组合还远远不够。如黑格斯特龙的数据显示,只投资于15只股票给投资者更多的机遇超越市场平均回报率,但它也很可能让投资者落后于市场的平均回报率。要想让小规模的投资组合获得更多的利润，投资者还要懂得如何选股。巴菲特常常指出，投资者应当在其一生中尽可能地将资金集中于少数几只股票上。对于那些信心不足难以确定选哪只股票的人，巴菲特建议他们将资金投向指数基金。巴菲特认为，这些基金的优点在于它们将税收和交易成本降至最低，并紧跟它们所代表的股市指数。另外，黑格斯特龙还证明出，经过一段时间后，大多数活跃的基金的回报很可能落后于市场的平均回报。这是因为，它们持有过多的股票，而没有时间与精力了解这些股票。

巴菲特对此坚信不疑，他于1991年提到："要是你有40个妻子，你将永远不可能熟悉她们每一个人。"

第三步：保持对成本的关注

投资者们经常问如何才能扩大投资回报，答案就是：培养成本意识。大多数投资者在选择股票时对交易本身关注过多，交易太频繁或者总是选择策略失误，这样无意间就流失了许多财富。如果用复利方法计算，经年累月，这些流失的资金即使还不到100万，也会有数十万之巨。

降低佣金

1975年，佣金管制取消。在此之前，许多投资者每做一笔交易都要支付股票经纪人数百美元佣金。长期以来，这些令人不悦的小费给高净值投资者而不是投资者本人积累了数以万计的机会成本。假定投资者每年支付给经纪人的佣金为5000美元。投资20年，他就向经纪人支付10万美元。如果用复利计息，这笔佣金将变成30万美元甚至更多。

让我们继续假定，如果支付给经纪人的佣金不是每年5000美元，而是10万美元投资组合的5%，这项投资组合的回报率是10%。这样，在20年中，投资者支付给经纪人32万美元。如果这笔钱不是作为佣金付出，而是用于再投资，32万美元就会变成70.6万美元。显然，投资者不可能完全避免支付佣金，但是可以尽量地降低佣金数额。雇佣像布朗经纪公司（Brown&Co.，每5000股收取5美元佣金）这样的经纪人，投资者就可以节省下来数十万美元。假设投资者雇佣布朗经纪公司一年做20笔投资，让其管理投资回报率为10%，价值10万美元的投资组合。20年后，投资者只需支付2000美元的佣金，其未来价值也只有6400美元。

再投资所有股息

投资界最耀眼的明星要数约翰·内夫（JohnNeff）。在1995年12月退休之前，他一直成功经营温斯道基金（Winsdor Fund）长达31年。内夫是一个价值投资者，他总会等到股票价格急剧下跌之时才购买股票，并将红利用于再投资以扩大收益。

在他明星般的31年中，其收益率超过标准—普尔500企业指数长达21年，平均回报率达到13.9%，而同期指数增长了10.6%。1964年，内夫投资的1万美元到1995年积累成为56.52万美元。相比而言，以标准—普尔500企业指数同期成长率计算，1万美元的投资最终将获得22.72万美元收益。不可思议的是，内夫任职期间，基金投资者每年从基金获得的收入中红利收入占40%。内夫看的很准，只要能够找到红利收为4%—5%的股票，他就胜券在握。如果投资者想获得10%的年平均收益率，而已经有5%来自红利，那么只要股价上涨填补剩下的5%就足以达到目标了。

这就是内夫的慧眼所在。温斯道的股价在31年里只增长了一倍：从7.75美元涨到15.55美元。但是，基金股利收益占收入的比重很大，这笔钱返还给了投资者，这样基金的净资产价值几乎没变。在这里复利再次发挥作用。如果投资者把他从内夫基金得到的全部红利用于再投资，其最初的7.75美元将累积到437.59美元。第一年所得红利再投资，复利计息30年，第二年的红利再投资，即复利计息29年，以此类推。将全部红利再投资就能不断累积财富。

第五章

理解机会成本

巴菲特从事任何投资都少不了要精心"算计"一番,他也常常自嘲对数学的这种痴迷。有一次,巴菲特开玩笑说,当年舍弃再投资的机会,花了全部积蓄的6%给妻子买了订婚戒指,这使他未来丧失了数百万的收益。他说自己每天喝几瓶樱桃可乐,简直就是救命水。这些饮料给他补充了足够的热量,让他免于挨饿。他还为自己缺乏营养的高脂肪食谱开脱罪名,说自己去世之前总共要摄取2500万卡路里,那么"为什么不这么吃呢"?但是巴菲特却对慈善机构颇为警觉,他绝不会轻易捐出钱财,而是在慈善机构充分说明所受捐赠的用途后才慷慨解囊。甚至他的孩子们也得在达到他的要求和条件后,比如在规定日期之前减肥成功,才能获得零花钱或额外奖励。巴菲特更喜欢给高中生或者大学生而不是成年投资者做演讲,因为他觉得学生们会认真地听他讲并采纳他的建议。

巴菲特说,一个人只要有足够的耐心并保持勤奋,不断地投资,终会获得亿万财富。如果从21岁起每年节省几千块钱,在退休时就能轻松地积累100万的财富,时间和复利计息又显示了巨大的力量。只要这个人能坚持存钱,到他65岁或者70岁时,就能获得数量可观的财产。如果他能够每年再多存几百美元,那么退休时累积的财产将会更多。如果他不只是存钱，而是把资金用于投资股票或者做其他理财，保证每年的收益率比市场平均水平多几个点，最终他的财富将多不止几倍。

现在，大多数投资者都了解时间在财富积累中的作用，也很清楚通过投资赚得一笔丰厚的退休金比领政府的救济让人更放心。况且，政府的退休金计划和社会保障项目并不能保证每个人获益。然而复利也是一把双刃剑。如果一项投资的年收益率是20%，累积30年后它将膨胀成为巨大的资产。相反，如果错过这个收益率为20%的投资机会，投资者的资产损失同样巨大。倘若选股不慎，手中的股票每年只上涨5%，本来投资者可用这笔钱做其他收益更高的投资，这样对比下来可不是一笔小钱。就像投资者今天没把手中的资金用于明智的投资，明天就必然遭受损失。投资者时刻面临着数以十万计的投资机会，他需要作出选择。他可以用这笔可支配的资金购买英特尔公司的股票，也可以去装修房子，或者到饭店美餐一顿，甚至也可以买条新裤子或者一支高尔夫球棒。他可能得二选一，是买辆新车还是为孩子建立一个教育基金。无论做出什么选择，每笔支出都将带来一些有形的或者无形的回报——即便你选择不支出这笔资金。但是，一旦投资者做出决定，不管是购买英特尔的股票还是买一块新地毯，投资者都得考虑机会成本。

任何投资的目标都是赢得最大回报。一家企业在资本投资项目上投入每一分钱时都想创造可能产生的最高收益。所以，这个项目必须经过"精挑细选"，必须物有所值。不然的话，这笔投资完全可以放到其他更赚钱的项目上。对一个投资者来说，每笔开支都是一次投资机会 ——会赚也可能赔，毕竟一美元只能花到一个地方。但问题是，要让花出去的这一美元带来适当的收益，就是相比把它花到别的地方更划算的收益。

我们应当以同样的态度对待我们的投资。因为市场上每天都有千百个投资机会等着我们。我们得仔细甄别，选出"心仪"的股票，即那些符合我们认同的风险回报标准的股票。同样，知道通过与标准一普尔500企业指数

第五章 理解机会成本

或者类似的标准相比，我们确定出个人的投资标准。如果投资者的投资组合以 8% 的速度上升而标准—普尔 500 企业指数的成长率为 20%，本次投资的机会成本就太高了。这次不高明的选择使投资者损失了 12% 的额外收益。

有这么一个笑话，世界首富比尔·盖茨在路边看到一张 100 美元的支票，他视若无睹地跨过去。1999 年底，盖茨已经拥有 850 亿美元财富，他不值得花时间去捡一张 100 美元的支票。如果他弯腰捡起这 100 美元，就这一瞬间他损失的恐怕比 100 美元多很多。总之，捡钱不划算。你想想，为什么要花超过 100 美元的时间去得到仅仅 100 美元呢？成本不是太高了吗？

然而，沃伦·巴菲特对此不以为然。在他眼中，人们不是仅仅从这 100 美元当前的价值或者为了赚取这 100 美元所耗费的时间来判断其价值，而是看到它将来的价值。比如，巴菲特拿这 100 美元去投资，假定年收益率为 25%，暂且抛开通货膨胀等因素，10 年后他的这 100 美元就将成为 931 美元，30 年后是 8 万多美元。这样算这笔账，盖茨也许会考虑停下脚步，花几秒钟把这 100 美元捡起来。事实上，有人曾看到巴菲特在他去办公室的电梯中弯腰捡起 1 角钱的硬币，并告诉旁边看的目瞪口呆的人说："从这里将诞生下一个 10 亿美元。"

要理解巴菲特的节俭理念，人们必须从数学的角度并运用数字计算的方式。对巴菲特而言，人们不应该随便花钱而应保持良好的储蓄习惯。每一美元被支出后都有潜力创造巨大财富。这样，任何支付或者未支付的选择消费行为都有可能促进或者削弱你的财富。这取决对于投资的收益率。无论你将资金投到不赚钱的股票上还是花在个人不必要的消费或者享受上，这一原则都适用。

2000 万的车更吸引你吗？

当能够以 20% 的年收益率积累财富时，像巴菲特这样的投资者多半会选择成为一个净"储蓄者"而不是纯"消费者"。巴菲特的账算得很清楚，今天多花一美元，明天就会造成数万美元的损失。同样的，不小心买了高价股票，多花的钱也会抵消潜在的收益，这都会降低巴菲特资产的最终价值。

举个例子，你有能力和愿望购买一辆车，一辆是5万美元的宝马，一辆是2.5万美元的丰田。你会怎么选？经济学家会建议你选择功能强的。但实际情况往往比这复杂。情绪和非理性的标准会引导你的偏好。宝马会让车主有面子，也会带来更多驾驶乐趣。这两项利益难以用金钱来衡量。相反，丰田或许更实用还省油，这些利益容易被量化。

对投资者来说，2.5万美元的丰田和5万美元的宝马之间的区别就是机会成本。即你选择其中之一多花的那些钱。如果你选择了宝马，要多付2.5万美元。如果你把这2.5万美元用于投资，年收益率为15%，30年后这笔前就累积为1655294美元，160多万！这也是选择宝马之后，你的银行账户上的余额在30年后减少的数目。这么算下来，宝马比看上去贵多了，不是吗？如果这笔钱的年收益率达到20%，30年后就是593.44万美元。而如果能达到25%的收益率，购买宝马就意味着放弃了20194839美元，两千多万。

你看，消费的数学揭示了消费的潜在后果。表5.1会告诉你不必要的消费行为会让你损失多少未来收益。如果去电影院看一场电影而不是花3美元租录像带，你会在30年后损失1.7万美元（假定你的年收益率为25%）；如果你每月在取暖费上节省20美元，这笔钱用于再投资，能帮你赚19.4万美元，当然收益率不同这一数字是有差别的；如果有每月买彩票的习惯，30年后你会损失超过20万美元，而和全家去一次迪斯尼世界的花费估计让你少收入2百万美元。

表 5.1 30 年内日常消费造成的投资损失

	预期投资收益		
	15%	20%	25%
买一辆 5 万而非 2.5 万美元的车	$1,655,294	$5,934,408	$20,194,839
花 1 万美元买股票收益为 0	$662,117	$2,373,763	$8,077,936
迪斯尼度假（4 口之家）	$166,529	$593,441	$2,019,484
一天两包烟	$128,120	$459,323	$1,563,081
每月两次外出用餐	$19,864	$246,871	$840,105
每周支出 20 美元购买品牌日用品	$68,860	$246,871	$840,105
旺季旅游支付 1000 美元	$66,212	$237,376	$807,794
买一套 1000 美元而非 250 美元的西装	$49,659	$178,032	$605,845
赌钱每月输掉 50 美元	$39,727	$142,426	$484,676
一年内每日开车 30 英里上班（油费）	$47,275	$169,487	$576,765
一年内每周花 5 美元买彩票	$17,215	$61,718	$210,026
每月 20 美元取暖费	$15,891	$56,970	$193,870
观看棒球比赛（4 口之家）	$8,608	$30,859	$105,013
每月而非两个月理发一次	$3,973	$14,243	$48,468
买一瓶 25 美元的酒	$1,655	$5,934	$20,191
去影院看电影而非租碟	$1,457	$5,222	$17,771

巴菲特，理性的储蓄者

这样算计并不是劝你为了赚钱而放弃自己的兴趣爱好，只是为了说明像巴菲特这样的投资者对各种消费行为的成本具有本质的认识。如果你能够像巴菲特那样以较高的收益率积累财富，为什么去做消费者而不是储蓄者呢？如果你并不那么需要一辆 5 万美元的宝马，何不接受 2.5 万美元的丰田、凯迪拉克或者林肯呢？这样，你就能在未来获得几百万的收入。巧合的是，巴菲特就开着一辆林肯房车好多年了。像这样的一辆车价格还不到 1.5 万美元。

巴菲特的节俭习惯与机会成本的实质内容相当一致。由于总能保持较高的收益率,巴菲特很在意家庭的消费行为。尽管能买得起任何想要的东西,他总是确保没有浪费一分钱。如果巴菲特生活地奢侈一点,花钱时手脚大方些,这些账算下来,他今天的资产也许会少几个亿。当巴菲特在1969年关闭合伙投资基金时,他已经拥有2500万美元。如果他那时没有把全部资金用于再投资,而是在奥马哈买一座价值500万美元的房子并花100万进行装修,那么到1999年为止,他的资产会少50亿美元。

而他当初决定再投资就是考虑到巨额的机会成本。没有任何机会成本的房产就相当于做了一笔没有任何收益的投资。这对纯消费者来说也许没什么损失,但对巴菲特而言就不同了。即使存钱都能用复利计息获得收益,何必要花这笔钱去买房子呢?少年巴菲特在杂货店批发12瓶装的可口可乐时就清楚地认识到了这一点,他利用买卖饮料攒的钱最终都投有所得,给他带来亿万财富。

第六章

最大化收益
—— 购买—长期持有策略

大约15年前,我和一位朋友去当地的赌场碰运气。那次我的朋友总共输了200美元。当时,他每次下注5美元,殷切期望赢回25—200美元。这一幕在今天回想起来总让人觉得有点心酸。

尽管他自己没有觉察,但每次下注赢钱的几率微乎其微。要想在掷骰子时胜出,他必须用8个骰子掷出45点。也就是说,平均每个骰子的点数为5.6点。根据概率原则,一个人最有可能掷出24—32点。这样他每损失5美元就越想下一次赚回来。

我这位朋友当时对这一游戏的狂热以及不断输钱后的沮丧使我想到股市中的市场时机和频繁交易两种现象。这几乎成为牛市两个最大的骗局。过去的几年中有太多这样的例子来证明我刚才的论断。虽然许多投资方面的畅销书一再鼓动投资者看准时机做频繁交易,事实却与此截然相反。短线交易从来没有给投资者带来长期盈利。绝大多数短线交易的人在股市上都赔了本。但这些并没有降低大批投资者进行短线交易的热情。他们趋之若鹜,期望通过频繁交易获得丰厚利润。90年代初,投资者持有一只股票的平均时间是 2 年。到 1999 年,这一时间已经缩短到 1 年多点。

巴菲特讨厌短线交易。对他而言,这纯属浪费资金,只给投资者带来微薄收益。更坏的是,这种行为还会扭曲股票的合理定价,从而导致投资者的不理性行为及对股市的片面理解。1998 年他在给股东的一封信中表达了这一看法:"只有理性的股东才能够形成稳定的、理性的股价"。从整体来看,股市交易就像是经济体的虹吸管,它将资金从生产领域抽出并投入金融领域。

巴菲特有一次半开玩笑地说,美国政府应该对持有股票不超过一年的资本交易征收 100% 的税。"我们大多数的投资者应坚持头寸,投资决策应当取决于公司在此期间内的收益,而不是公司股价每天的波动"。20 多年前,他对《奥马哈世界先驱报》的记者说:"经营一家公司就不要过分在意公司的短期得失,与此相同,购买股票时就不要被短期利益迷惑,要放长线,钓大鱼。"

的确,那些一周内在网上频繁买卖股票的投资者对自己也许颇为自信,认为成功在即。其实他们有收益只是沾了牛市的光,并非他们自己嗅觉敏锐,分得清哪些是绩优股。自 1998 年初,在股市中做短线交易的个人投资者数量大增,网络股的神话及新兴的在线交易方式让他们义无反顾地投入这一行列。他们中许多人认为只要抓住每天股市上的关键股票就能轻而易举赚得盆满钵满。

市场分析家兼投资经理查尔斯·埃利斯 Charles Ellis 在 1975 年就用一则公式总结出一条规律:交易越频繁,收益越少。他发现,减少收益的最大因素是交易佣金。投资者交易次数越多,他要支付的佣金就越多。所以,如果投资者想获得超过市场平均水平的回报,他每做一笔投资就得保证收益率比市场平均水平要高。比如,投资者想让自己的年收益率高出市场平均年收益率 5%,而与其市场平均收益率为 10%,那么每一笔投资的收益率必

第六章 最大化收益——购买—长期持有策略

须达到15%。同时,由于每笔交易的佣金与交易商差价平均占交易金额的至少2%,因此,投资者的平均收益就得比15%还要高,比如达到18%。但是,如果投资者持有股票不到一年,即资金周转率超过100%,每笔投资的收益率就得比18%还高才行。埃利斯认为,除非每笔投资收益率都高出股指增长率几个百分点,资金周转率超过200%的投资者不可能超过股市平均的收益率。

1998年,加州大学戴维斯分校的金融学教授特伦斯·奥丁 Terrance Odean 和布拉德·巴伯 Brad Barber 进一步证明了频繁交易将导致收益下降这一论断。他们详细分析了从1990—1996年12月为止6年内7.8万投资者的交易。有趣的是,奥丁和巴伯发现大部分投资者的平均收益率都与标准—普尔500指数的增长速度大致相同。在6年之内,投资者的年收益率为17.7%,略高于市场的17.1%的增长率。然而扣除佣金和买卖差价后,投资者的净收益率为15.6%,比市场的增长率低了1.5个百分点。交易次数越多,年收益率越低。

奥丁和巴伯还发现,按照股票周转速度计算,其中20%交易最频繁的投资者的年净收益率只有10%,而交易次数最少的投资者的年平均收益率或许高得让基金经理们羡慕。然而在追逐更高收益时,他们不自觉地犯了无数的错误。如果以10年甚至20年为期进行复利计息,10%和17%的年收益率之间会是壤之别。

这一研究表明,这6年中,频繁交易是投资最失败的罪魁祸首。研究还指出,频繁交易的产生还因为投资者"过分自信"的心理在作怪。投资者往往认为投资成功的原因是自己高超的选股策略,而不是牛市带来的实惠。他们越自信,就越觉得只要看准股价涨跌的时机,就能在股市穿梭自如。然而,埃利斯在20多年前就已经指出,他们无意中为成功设置了障碍。

巴菲特表现自信的方式与众不同。将巴菲特与奥丁和巴伯所研究的那些投资者进行对比,就像把从不买彩票的人和职业彩民比较一样。买彩票上瘾的人总会自我安慰,"这周我肯定中奖",或者相信自己研究出来的选号方案绝对靠谱。而那些从不买彩票的人却相信自己在别的领域会赚的更多。他不会每周花 5 美元去挣只有七百万分之一中奖机会的 1000 万,因为他知道不用赌博就能赚到 1000 万的好方法有很多。

事实上,巴菲特对自己的选股能力非常有信心,所以他总是长期持有买入的股票。他不相信频繁交易能够给他带来高额收益,而是坚信他可以靠购买少数几只股票并等待它们上涨就能得到高回报。1990 年他对《福布斯》的记者说:"你所要做的就是以低于其内在价值的价格购买有上涨潜力的股票,然后一直持有。"巴菲特自己就是这么做的。他的投资始终集中在多年来所拥有的少数几家公司股票上。自 70 年代中期来,他开始收购华盛顿邮报的股票并最终买入 186 万股。1985 年,他卖出了 10% 的股份,将剩余的 170 多万股保持到现在。1989 年他购买 9600 万吉列公司股份并持有至今日。由于股票的 3 次拆分,他最初购买的普通优先股票已经转为 1200 万股。尽管最近可口可乐的股价大幅下跌,他却宣布不会出售所拥有的 2 亿股可口可乐公司的股票。

21 岁时,巴菲特就开始研究并收购政府雇员保险公司的股票,据说他在这只股票上的第一笔投资一年内为他赢得 50% 的回报。后来,当华尔街普遍认为该公司面临破产时,巴菲特开始收购这家保险公司的股票。到 1983 年,他总共拥有 680 万股。经过 5:1 的股票拆细,他的股份已经超过 3400 万股,即该公司股份的 51%。1995 年 8 月,他宣布购买该公司剩余的 49% 股份,将其纳入伯克夏麾下。

这种耐心终将得到回报。70 年代巴菲特在政府雇员保险公司上投入了 4500 万美元,到 1995 年,这笔投资已经价值 24 亿(20 年增长了 54 倍)。他持有华盛顿邮报的股份长达 27 年,最初投资的 1060 万美元到 1999 年变为 9.3 亿美元,增长了 86 倍。这些年中,华尔街的经纪人曾多次建议他们的客户买卖华盛顿邮报的股票,而巴菲特却从来不这么做。他一直持有这些股票,最终获得巨额回报。在 1985 年,他卖出一部分华盛顿邮报的股票时支付了少量的资本税,此外,再也没有因买卖股票而交纳过任何费用。

任何投资者都不敢保证自己能够在一项投资中获得 86 倍的收益,因为几乎没人坚持持有一只股票这么久。尽管像戴尔、高通、美国在线的股票近几年价格上涨了 80 倍,可是有几个投资者持有到现在呢？这些股票之所以这么受追捧,那些做频繁交易的投资者功不可没。股票换手率太高导致了一部分收益,所以大部分投资者陷入市场的赌博游戏而阻碍了自己赚大钱的机会。

持有时间决定收入多少

在 1999 年 9 月 16 日得一篇文章中,巴菲特说任何短线投资者都不可能获得超过市场平均水平的回报率。"如果你在一笔投资中挣了 125 美元,但支付了 50 美元的佣金,你的净收入只有 75 美元。如果你损失了 125 美元,加上佣金,你总共损失 175 美元"。意思很明确,对短线投资来说,要获得 1/8 点的收益,每 3 次成功的股票交易才能够抵补一次失误。这就要求他们必须确保 75% 的交易能盈利才不会遭受损失。

理论上说,这几乎不大可能。在短期看来,股票市场的动向完全无法预测,任何可能都存在。就像轮盘赌中,一次赌博中出现红色与黑色的概率各占一半,下一桩股票交易是否会高于或者低于 1/8 点的概率也是 50%。所以,长期看来,凡是这种把握时机的游戏注定只有 50% 的概率赢。

佣金以及概率让投资者的致富路不是那么一帆风顺。如果投资者有 10 万美元的投资组合,并且在 1 年之内进行了 100 次交易。其中有一半每笔盈利 500 美元,另一半每笔损失 500 美元,那么年末清账时就没有任何净盈利。然而,如果每笔交易(无论买卖)的佣金为 50 美元,反而损失了 1 万美元。只有所有投资的交易中有 60% 的盈利,才能保证不亏损。要想赚得 10% 的收益,就必须有 70% 的交易盈利;要赚到 20% 的收益,那就得 80% 的交易盈利。

那么获得70%甚至80%的回报率可能吗？当然可能，但不是通过短线交易。图6.1—6.4表明了1989年到1999年间标准—普尔500指数的股价变动情况。假定投资是随机的，即投资者在10年中的每一天都随机选取标准—普尔500企业的一家企业股票。下面4个图表显示的是投资者所选股票在一段既定时间内让投资者盈利或赚钱的概率。在此，选定的时间幅度为1各月、3个月、1年以及5年。

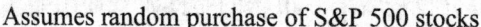

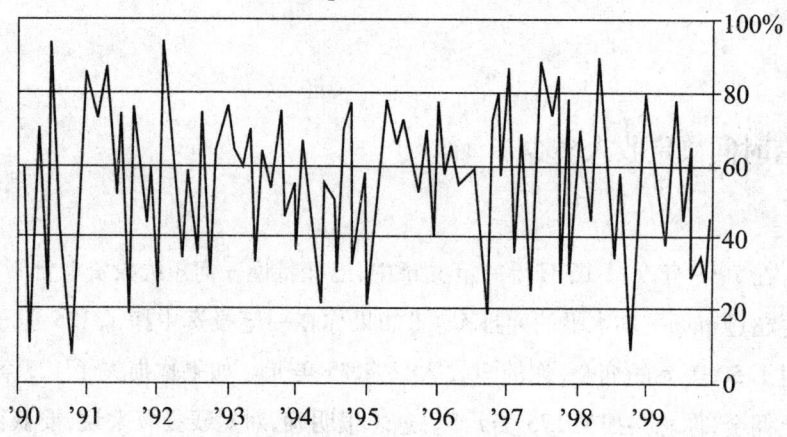

图表6.1　假设随意购买标准—普尔500企业股票
预期收益（持有1个月）

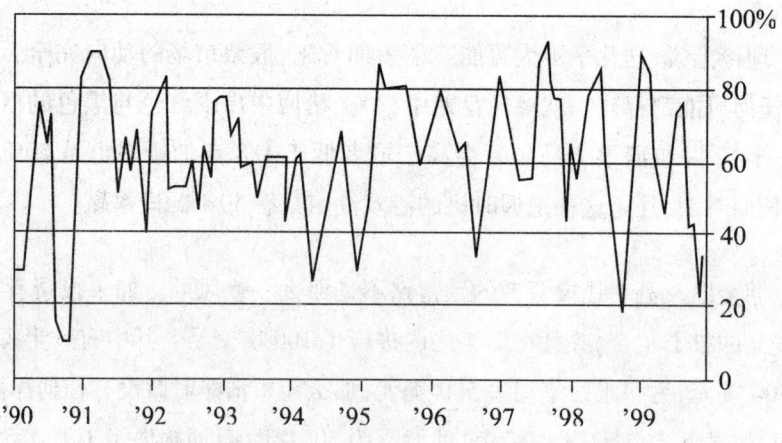

图表6.2　假设随意购买标准—普尔500企业股票
预期收益（持有3个月）

第六章　最大化收益——购买—长期持有策略

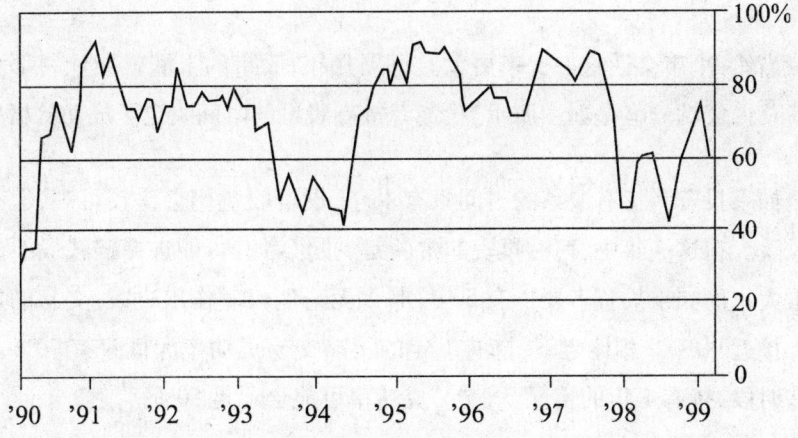

图表6.3　假设随意购买标准—普尔500企业股票
预期收益(持有1年)

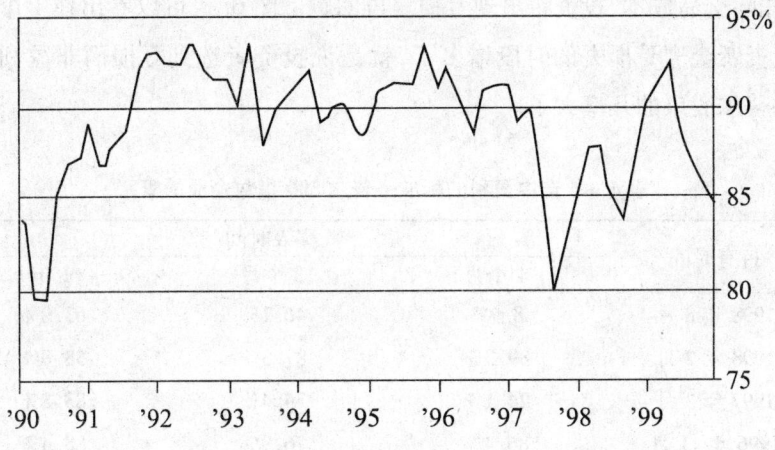

图表6.4　假设随意购买标准—普尔500企业股票
预期收益(持有5年)

分析数据表明:无论投资者选择股票的能力如何,投资者持有股票的时间越长,盈利的机会越大。比如,1989—1994年,投资者在其中任何一天购买标准—普尔500企业的股票并持有5年,盈利的机会就能超过80%。在有些年份,这个数字还能超过90%。这就是说,无论哪天买一只标准—普尔500企业的股票(在这个实验中购买何种股票以及何时购买对结论没有影响),盈利与亏损的比例是8∶1或者9∶1。

当然,牛市会让这一比率更大。每隔几年,股市的上涨就会让一部分投资者获得成功。但是如图所示,投资者持有股票的时间决定了成功的概率。

如果投资者持有股票的时间只有1年,投资收益仍会比较可观,但有一定风险。在这一年中,何时投资非常关键,投资者有可能选择赔钱股票的风险很大。而如果投资者要持有5年,那么无论他何时作出决策,交易的成功率都接近90%。相比之下,持有1年的策略交易成功率大概只有70%。而某些时段,持有1年的情况下,交易成功率可能会不足50%。

持有股票的时间越短,回报就不能固定并有可能大幅下降。如果只持有3个月,那他交易的成功率将降低到60%以下。当交易成功率低于60%时,扣除交易成本,投资将出现亏损。再回顾下图6.1,可以看出在1个月之内投资者会遭受损失的时段增多了,就是说投资者选到亏损而非盈利的标准—普尔股票的几率大了。

表6.1 选中盈利的标准—普尔500指数企业的概率

持有时间	买入时间		
	1个月	3个月	1年
1998年8月	8.9%	46.1%	63.0%
1998年2月	89.3%	87.3%	58.8%
1997年3月	24.1%	74.4%	83.7%
1996年11月	86.4%	76.9%	88.4%
1996年7月	19.1%	61.4%	81.1%
1995年2月	78.1%	81.0%	90.1%
1994年3月	20.5%	35.9%	56.6%
1992年11月	76.1%	77.0%	75.5%
1991年12月	93.2%	83.4%	85.1%
1991年11月	25.4%	75.3%	72.9%
1990年8月	5.6%	10.9%	71.9%
1989年11月	60.2%	31.9%	29.3%

例如,如果在1998年或1999年夏天购买一只标准—普尔500企业的股

第六章　最大化收益——购买—长期持有策略

票（无论其中的哪只股票），这只股票为你赚钱的机会低于20%。

随着持有时间逐渐减少,随机性增大。图6.1显示的持有股票1个月的情况下盈亏的可能性就能证明这一点。图中显示出收益呈现出高度的随机性和不可预测性。其中有些时候80%标准—普尔500企业的股票价格在这个月内上涨,如果幸运的抓住时机,就会得到高额回报。当然,其中有的月份里大部分股票在下跌。此时,无论你的选股能力如何,你注定会亏欠,无人幸免。

事实上,在10年期的实验中,1个月的股票持有策略交易成功率仅仅稍高于50%。这一概率或许能够让投资者在赌城成为一个赢家,但是在华尔街只能失败。因为如果全部的短线投资中有一半能盈利,由于要付佣金和买卖差价,最终投资亏钱而不是盈利。这样的投资似乎并不比轮盘赌手在赌场中碰运气会好多少。

有这些数据证明,短线交易就没多大吸引力了。除了少数几个意外致富者,大部分投资者期冀赚钱却最终亏损,这个买卖不划算。人们虽然对掷骰子游戏痴迷不改,但却不能指望靠这个发财。

股票周转率的社会惩罚成本

从整体看来,短线交易会影响个人投资业绩。它同样也对整个经济形势造成破坏。大部分资金本应用于提高生产力或企业盈利。现在却用在其他领域,频繁交易的佣金和差价浪费了大量资金。

教科书上说人们购买股票是为了获得公司的红利。如果投资者拥有默克公司Merck的200股,公司每股分红3.5美元,那么他就能得到700美元的盈利。当然他不应该跑到默克的大楼去要700美元的现金。如果投资者够明智,就应该让默克拿这笔钱再投资,它可能会为投资者赚到7000美元。

慢慢地，股票价格将会随着公司收入的成长而上升，到时收益或许能翻十倍。

但是如果投资者买股票支付的钱超过了最后的收益怎么办呢？这一现象在现实中常常出现，应该引起大家的警觉。投资者在股市上频繁交易，不得不付出更多的佣金和差价，而不是靠公司盈利的分红赚钱。巴菲特认为这一现象显然不合逻辑。1999年他在一个商界精英的私人聚会上说："要记住，这是人们常常忽视的一个关键事实，投资者们赚的钱全部来自公司的盈利，舍此之外并无额外收益。"

表6.2展示了频繁交易将会多不实惠。多数情况下，频繁交易时买卖股票产生的交易费用加起来将超过投资者预期的收益总和。看看下面的例子：

表6.2 2000年2月选定的标准—普尔500指数企业股票的换手率

公司名称	流通股（百万）	年交易量	换手率	交易成本	预估公司盈利
雅虎	398.0	4301.8	10.8	$796	$155
来爱德	258.9	1178.0	4.6	$218	$65
大众软件	268.5	1033.9	3.9	$191	$62
施格兰	432.6	278.9	0.6	$52	$17
康卡斯特电信公司	751.9	1261.7	1.7	$233	$83
伯利恒钢铁	131.5	315.4	2.4	$58	$24
美国在线	2201.8	9763.2	4.4	$1,806	$771
霍姆斯塔克矿业	228.0	420.0	1.8	$78	$34
卡宝龙系统公司	172.2	663.0	3.9	$123	$62
网域存储技术有限公司	145.7	535.3	3.7	$99	$60
夸尔电讯	646.4	5607.5	8.7	$1,037	$679
参数技术公司	268.1	1054.6	3.9	$195	$131
赛灵思	312.5	1713.6	5.5	$317	$228
思杰系统	171.8	1054.3	6.1	$195	$146
盛骏	326.6	1474.5	4.5	$273	$242
KLA-Tencor	174.9	1067.9	6.1	$198	$194

第六章 最大化收益——购买—长期持有策略

公司名称	流通股（百万）	年交易量	换手率	交易成本	预估公司盈利
甲骨文公司	2862.3	8141.0	2.8	$1,506	$1,631
希捷科技	228.7	601.0	2.6	$111	$121
罗湾公司	83.2	252.8	3.0	$47	$53
3Com	357.6	2132.5	6.0	$395	$451
越洋赛特科	100.6	420.1	4.2	$78	$89
贝克休斯	327.1	581.7	1.8	$108	$131
马特尔	286.1	851.5	3.0	$158	$197
昆泰斯	78.0	470.4	6.0	$87	$112
清频电讯	263.6	362.1	1.4	$67	$87
SUN 微系统	1554.7	5362.5	3.4	$992	$1,415
ADC 电讯	300.3	1003.4	3.3	$186	$270
康博软件	367.9	1525.2	4.1	$282	$453
安德鲁	82.2	219.6	2.7	$41	$67
戴尔计算机	2543.0	7431.6	2.9	$1,375	$2,289
LSI 数理逻辑	282.8	1065.3	3.8	$197	$328
百德白斯	139.4	381.9	2.7	$71	$121
纽蒙特矿业	167.2	414.5	2.5	$77	$139
BMC 软件	236.6	1182.4	5.0	$219	$412
幻境度假	190.0	486.2	2.6	$90	$171
艾尔莎	87.3	385.6	4.4	$71	$137
科胜讯系统	392.8	939.8	2.4	$174	$338
贝尔根	147.1	724.2	4.9	$134	$271
国家半导体	169.1	600.8	3.6	$111	$237
阿戴普科技	105.5	500.3	4.7	$93	$199
沛齐	246.3	448.3	1.8	$83	$180
康柏电脑	1698.0	4476.9	2.6	$828	$1,834

至 2000 年 2 月，雅虎公司的股份以每年 10.8 次的转手速度在股市上交易，即市场上每 33 天它的股票就全部转手一次。当时，雅虎拥有 3.98 亿流通股，年交易量为 43 亿股。为了便于计算，假定投资者买卖雅虎公司的股票时要支付 0.125 美元的差价及 0.06 美元的佣金。那么这 43 亿股交易的总成本就是 7.96 亿美元。这是投资者在一年中要支付的交易差价与佣金数目。但是，雅虎公司一年的净收入才 1.55 亿美元。就是说，为了获得公司 1 美元盈利，投资者心甘情愿倒贴 5 美元。

2000 年初，投资者一般持有大众软件公司 Peoplesoft 股票的平均时间为

92天。假定每股0.06美元的佣金和1/8点的买卖差价,那么买卖股票的成本就是每年1.91亿美元。然而公司的年收益仅仅6200万美元。投资者为美国在线支付的手续费每年高达18亿美元。而美国在线的年收益不过7.71亿美元。同样,投资者集中在跨尔电讯、甲骨文以及戴尔公司的股票进行频繁交易,每年支付10亿多美元的成本。

1999年,苹果公司的平均股份换手率超过7次,即投资者对该股的持有时间仅仅为50天。虽然苹果公司只有1.75亿流通股,1999年其股份交易量超过13亿股。个人及机构股东为苹果公司的股票交易支付了4.5亿美元的佣金和买卖差价,然而公司的年净收益仅为3.85亿美元。

在网络股领域,投资者们更疯狂。他们为一些并不盈利的公司支付着数亿的佣金和差价。他们能赚回这些支出的唯一希望就是不断有人加入进来,继续进行频繁交易,以刺激股价持续上涨。然而在持有股票时间仅有几个月的情况下,谁能保证这种想法一定如愿呢?

如果我们俩在做股票投资……那么就应尽量避免交易成本,以免经纪人从中大捞一笔。但现实中投资者似乎有交换的惯性,或者至少会打听他人的意见才觉得安心。这些服务都要花钱,而且会花一大笔。我把这笔费用称作摩擦成本。它来自多方面,差价,佣金,销售费用,行政费用,保管费,包装费甚至金融出版物的订阅费用。不要以为这些都是小钱,不值一提。如果你想估价一项投资的收益,难道你不得扣除管理费用吗?当然要这么做。计算投资回报的股票投资者们必须算清楚他们的摩擦成本。

这些费用总计有多少呢?据我估计,美国股市的投资者每年支付超过1000亿美元——大概1300亿美元用于各种交易费用。或许其中有1000亿美元是用于支付买卖财富500强企业股票的各种费用。这相当于投资者将他们从财富500强企业获得的收入(1998年总计3340亿美元)的1/3浪费在经纪人身上。当交易完成,拥有财富500强企业股票的投资者投资10万亿美元所获得的收入只有不到2500亿美元。在我看来,这简直是糟糕的投

第六章 最大化收益——购买—长期持有策略

资。

交易成本高的离谱。在一则讽刺漫画里,评论员说:"今天纽约股票交易所没有任何交易。每个人都满足于自己手中的股票。"如果真是这样,投资者每年将多赚1300亿美元,

股票的频繁换手并不能给投资者创造财富。唯一的受益者是股票经纪人。当然,这种观点势必引发学术界的激烈争论。但任何一个投资者持有股票的时间如果能够持续几年,公司收益给他带来的回报将远远超过股票交易佣金的数目。现实中投资者却极少长期持股。如果这一趋势持续下去,标准—普尔500企业中至少会有300家企业的股票年换手率超过1次。这样投资者连公司的年末分红都享受不到。

如果频繁交易年复一年的持续下去会出现什么状况?巴菲特警告人们,长期持股的社会效益会被忽视,更多的资金将从生产领域抽出并注入交易领域成为佣金,而不是通过利润分配回到能够盈利的领域。为了获得一美元收益所支付的交易成本将远远超过一美元。所创造的价值仅存在于账面上,而这也会被萧条的市场吞噬。我们不能只责备个人投资者缺乏长远眼光,因为股市交易的60%—75%以上是共同基金和其他机构所从事的,它们才是罪魁祸首。它们的短线交易导致了长期持有策略中给投资者带来的收益白白流失。

公司也应为这种高换手率承担一定的责任。公司管理高层向金融界提供的收入刺激了股票经纪和基金的短线交易。他们热衷于股票拆细,导致市场上的流通股增多,从而增加股票的换手率和交易成本。巴菲特再次表明自己的立场,从来不随波逐流。伯克夏·哈撒韦的股票换手率是全美最低的。在伯克夏公司的股东中不难找出持有20年以上的投资者。巴菲特曾捐出自己的部分股票,但自60年代他开始坚持头寸以来,从来没卖出过伯克夏的人和股份。巴菲特也不愿拆细伯克夏的股份,他坚持认为过低的股价只会导致更频繁的交易,让经纪人钻空子。而他的坚持实际上减少了公司

的资金流失。相比其他股东,伯克夏投资公司的股东们分得的公司红利要高很多。

到目前为止,除巴菲特外,几乎没有公司高层对股市上的高换手率表示担心。巴菲特多次呼吁,我们不能用教堂中每周的换座率来判断一个牧师是否称职,而应关注这些人是否坚持来听他布道。他说:"我们的目标是使我们的股东合伙人从公司业绩中获利,而不是从经纪人那分红"。股票价值取决于公司的业绩而不是股票的换手率。无论每天的交易量是1000股还是1000万股,只要股票的年回报率有15%,公司的股票价格就会持续上涨。"我希望没人打算离开他的股东位置,这样就不会有旁人插进来"。巴菲特如此幽默。

第七章

避免连环失误

经济分析家兼作家彼得·伯恩斯坦（Peter Benstein）于1996年出版名著《对抗上帝—终极冒险》。在书中，他强调数据体现在人们生活的任何一件大事上并发挥重要作用。即使现在人们习以为常的事情，例如早晨起来淋浴，冲一杯咖啡，或是生炉子，也是在人们制定出统一的重量和长度标准，花几个世纪去实践检验并确认规律后，才变得这么简单易行。

生活中没有这些精确的数据为参照，我们将陷入一片混乱。如果我们不先去用模型量化天气的变化，我们就无法测量、预测或适应天气变化。如果我们不知道各种佐料的比例，就做不出可口的饭菜。如果没有区分马匹能力的规则，我们就不知道把赌注投到那匹马上。同样，在量化成本和收益之前，我们不能对一块肥皂、一辆车、一匹马、一项保险政策或者微软的一只股票任意定价。"没有数据，就没有机会，就没有可能性"。伯恩斯坦在书中写道："在没有机会和可能性的状况下，只能寄希望于上帝和运气来渡过难关。没有数据支持，冒险就是匹夫之勇。"

本质上，投资是一种关于可能性的游戏。一个投资者首先要量化风险的大小，计算一下可能获得的收益，然后通盘考虑各种因素再制定出一个基本通用的选股策略。无意中，一些职业投资者在制定选股策略时选用了过多的参数，从而让这一策略过于复杂而失去效用。例如，他们可能会研究某只股票在过去5年或者10年内的价格走势，追踪它们的成交量变化和每日的升降幅度。或者它们会试图把美国经济划分成众多细小的部分，寻找各个变量之间的关系，并据此预测未来的收益。成千上万的投资者借助于计算机处理庞大的数据、利润空间、销售增长、库存增加等。另外一些人得益于"竞争分析"。他们试图通过把某公司股价涨跌的历史、利润空间、价格收入比、或者销售的增长与整个行业的发展状况进行比较，然后从众多价格相近的股票中找到能够获利最大的那只。

如果投资者对投资心存疑虑，试图找一些工具进行量化，对此，我们不应该总是加以指责。最重要的一点是在量化中尽量减少不确定的因素。例如，一份分析材料的数据表明，每当利率下调0.25%，某公司的销售额就会增长5%，那么据此就可以在预测中消除一些不确定因素。了解这些信息的投资者有更多机会准确预测未来的销售和盈利情况。这就比不知道信息的人在股市中占据了更有利的位置。

但是过多的分析也会带来问题。分析过于复杂会导致设计出的选股方法难以付诸实施。沃伦·巴菲特对此深有体会。他敏锐地意识到数据总是有限的，因此故意不采用今天职业投资者们常用的技巧。在奥马哈的办公室里没有计算机，他自己也从未表明是否熟练操作计算机。巴菲特曾对记者说，他从不用计算机，也不去核对股票当天的报价。事实就是如此，伯克夏·哈撒韦的总裁查理·芝格 Charlie Munger 就公开承认，他从未看到巴菲特在购买任何股票时进行过复杂计算。

巴菲特从来不使用这些复杂计算和技巧，但他也从未因此在股市上亏损。也许正是由于他不使用诸如彭博、路透的数据库或分析软件，缺少这方面知识，他的投资才比别人更成功。巴菲特非常清楚一点，越复杂的计算漏洞越多。与世界上其他的投资经理们的竞争中，巴菲特选择最简单的方法，而不是复杂的信息分析和计算模式。作为投资者，你也应该这么做！

第七章　避免连环失误

主要原则——生产流水线与选股的共性

先举个例子,假设你为工厂买了一台机器,它有五部分组成,而且每一部分运转 8 个小时后会出故障的几率是 5%。同时,机器的各个组成部分之间是相互依赖的,即当某一部分发生故障时另一部分就会受到牵连也不能正常运转。那么我们预测一下 8 小时后这台机器的故障率是多少呢？是 5% 吗？当然不可能。无论你信还是不信,故障的发生率大概是 23%。就是说,这台机器每运转 4.5 个小时左右就会出现一次故障。

机器的五个组成部分每运转 100 次有 95 次是正常的,那么 23% 的故障率看起来就相当高了。故障率高的根本原因是各个部分出故障是相互关联的,所以运转正常和故障率都会成倍增长。在这个例子里,整体故障率比机器的各个部分的故障率大得多。

$$整个系统的成功率 =（第一部分的成功率）\times（第二部分的成功率）\times（第三部分的成功率）\times \cdots\cdots$$

对于一个由五部分组成的整体,每一部分都有 95% 的成功率,那么它的预期故障率为：

$$0.95 \times 0.95 \times 0.95 \times 0.95 \times 0.95 = 0.774（成功率为 77.4\%）$$

$$故障率 = 1 - 成功率 = 1 - 0.774 = 0.226/22.6\%$$

这个数学公式对设计工程师和监督生产线或者开发新产品的管理者来说非常重要。他们的目标就是从多种选择中挑选出一种近乎完美的操作程序。有两个办法可以做到这一点：第一个办法是把机器的每一个部件设计的非常精确,从而把故障率限定在最小的范围内；第二个办法是设计一个后备系统。当某一部分发生故障时就不会影响整个系统的运转。例如,今天的个人计算机每个部件故障率都极低,所以整体运行得非常平稳(尽管一台计算机有上千个小部件组成)。相比而言,喷气式飞机的故障率也很小,因为它有很多后备支持系统。所以即使某一关键部件出现故障,整个飞机的飞行也不会受到影响。宇宙飞船也同时具备这两点。它装备了先进电路和遥感勘测部件,这些部件把故障率降到最低范围内,同时为了以防万一,宇宙飞船还装备了后备支持系统。

这种连环失误故障的规律对投资者也意义重大。因为我们选股的时候依赖的是"系统"——这包括技术指标模式、利润预期、现金流转贴现模式等我们面临的计算问题和那些设计工程师一样复杂。第一,我们常常把问题过于复杂化,结果就无意中束缚了自己。系统的运行和汽车生产流水线一样,你加到投资模式上的"部件"越多,即你的选股"系统"包含的变量越多,你失败的几率就越大,这个道理简单明了。第二,由于失误是关联的,分析越多,发生故障的速度就会越来越快,从而失败的几率就更大。你必须避免依靠那些建立在众多变量基础上的模型,特别是那些以未来预期为基础的模型。过多的思考不一定会有好结果,有时候会导致过多错误。

查理·芝格说:"大多数好事都有'负效应',思考也不例外。"

现在我们来谈一下你做的事情:预测一下明年微软公司股票将会有何表现? 即使对经验丰富的分析家和市场战略家来说,这也是件棘手的事情。下面是一些要考虑的因素:

1. 微软公司明年的销售情况:要计算这个数据,你必须预测世界范围内软件的销售状况(所有品牌)并算出微软公司的市场占有份额。而计算世界范围内软件的销售情况,你要估计出明年国民经济的增长率以及全民对个人计算机和网络的需求。计算时要考虑到世界范围内利息率的变动和通货膨胀因素。然后就要估计微软自己的定价及其收入报告。

2. 微软公司运作的利润空间:通过微软明年的存货成本、固定成本和变

第七章　避免连环失误

动成本、预算中的管理费用支出等得出这一数据。

3.微软公司的非业务支出:如果有债务,微软明年需要拿出利润的多少用于偿还债务;微软预期从现金和持有债券上获利多少。

4.流通股票数额:通过流通股的数量算出每股收益,估计出微软因收购和面向雇员的分红计划而发行的股票有多少。一年中有多少股票期权交易。

分析到这一步,工作只完成了一半。下一步要做的是预测股票市场未来一年的运行状况。是熊市还是牛市?科技股是涨还是跌?如果上涨,原因何在?明年投资者会依据什么样的价格收入比购买微软的股票?这个比值比平均水平高还是低?比微软历史上的比值高还是低?

这些数据分析在外行投资者眼里似乎无关紧要,但是这些大致就是投资分析家们在预测季度收入、股价变动和判断市场走势时考虑的因素。所以,他们的预测常常不准是有原因的。在那么多的变量基础上预测股票价格的走势(销售、市场份额、利息率、货币流通速度、运作成本、流通股、期权、每股收益及公众对股票的心态),分析家们无意中置身于连环失误的陷阱中。模型越复杂,失败率就越大。

这个分析中的每一个变量错误率为20%(80%的成功率),那么对微软公司股价的预测最终失败率会远高于这个比例。这样的预测显然不可靠。换句话说,如果分析家用8个变量去预测公司股票的价格,成功率是16.7%(即83.3%的失败率)。公式中的每一个变量都和另外一个关联着,失败率相互影响并逐步增加,结果是整个模型毫无效用可言。

像巴菲特这样的投资者很少用这样的方式预测市场和选股,就是因为这种方式总会产生极高的失败率。正如微软这个例子,方法越复杂,变量越多,失败率越高。作为投资工具,它们几乎没有什么价值。当投资者研究一家公司并准备购买其股票,目标就应该定为把失败率降到最低。而用上述模式来分析预测微软近期收入和股价走势就像预测下个月印度尼西亚的天气变化一样不可靠。当然这样分析也有成功的可能,在开始的时候也比较合乎逻辑,但是结果却只能是一堆连环失误。这样前提和结论之间实际上就没有直接的因果关系了。一个错误的预测可以导致另外一个错误的预测,这个错误的预测又导致别的错误,恶性循环下去。最终,投资者的预测结果不一定会比抓阄决定微软明年的股票行情准多少。

第八章

提高命中率

如果你年过半百,想必会记得泰德·威廉姆斯 Ted Williams,棒球史上最杰出的击球手之一。然而,他不仅仅在棒球界名噪一时,泰德已经成为一个精神象征,激励着一代又一代的棒球运动员们。他把力量(一生共打出521次全垒打)、耐性(在他的时代获得过远多于其他击球手的自由上垒机会)和控制力(平均击球率为0.334)完美地结合起来,在此之前没有一名运动员做得更好。作为第一击球手,他头脑清晰,运筹帷幄,每次击球都能充分发挥。

威廉姆斯对棒球运动的贡献是他把击球进行了数学分析和总结。确切地说,他写的一篇关于击球的论文《击球科学》引起了沃伦·巴菲特的注意。威廉姆斯的理论核心是击球区可以划分成77个小区域,在这些区域内击球手将和投手有正面对抗。例如,威廉姆斯知道在击球区内如果把球打得太高就会处于劣势。如果他一连击出好几个这样的球,他的平均击球率就会大大降低。把球打出击球区或者位置较低的击球也会产生相同的后果,即成功率大大低于威廉姆斯保持一生的击球率。如果球恰好发到威廉姆斯最佳接球区,他就会动用全部力量击球,这样就能保持住高水平的击球率。威廉姆斯不仅仅成为棒球场上的英雄模范,他还向人们展示了超人的控制力。他认识到放过处于击球区边缘的球要比为了击球而降低击球率要合算的多。

巴菲特选股时的思路和威廉姆斯打棒球的想法一致。股市就像一个职业投手联盟,一天会投出上千个球,每次投球代表着一定价位的股票。作为一个击球手,你必须决定要击打哪些球,放走哪些。但是,投资者和棒球手的区别是他从不需要击球。做投资不需投资者挥舞球棒并击出,也没有人叫你出局。巴菲特这么说:

在投资中,不会有棒球场上的出局。你站在垒里,投手把球投出,如果通用汽车的股价是47美元,但是你还不确定这个价格是否合理,那就放过去,没人会让你出局。你唯一的失误只能是想回击但没有打中。

职业投资者没有选择余地,只要有投球过来,他们必须回击。渴望交出良好业绩的压力使他们频繁买卖手中的股票,一心想着超过标准—普尔500企业指数水平的回报率,超过同行的业绩,对100—200家企业的季度收益做出成功预测,然后完成漂亮的投资组合。而你不需要这么做。你可以放过不感兴趣的股票,然后和经纪人商量或者自己上网搜索,再购买100股有增长潜力的股票。你也可以花一个月时间研究1000只股票,但最后只买一只最喜欢的。你还可以暂时放弃查尔斯·施瓦布(嘉信理财)的股票,直到股价降到你觉得满意的程度再买入。或者你完全不理这些,从头关注另外1000只股票。

虽然股市一直在诱惑你,它却从来不强迫你。如果你还没充分了解此时的股价是否合理,就可以不买,这样你的资金丝毫无损,等到合适的时机再投资,"击球率"就会大大提高。巴菲特强调的选股最佳良机指的是击球率达到90%或者更高的时机。这样的时机少之又少。在20年里能遇到20多次就不错了。那些稍逊一些的时机也能保证你取得不错的平均击球率,这样的时机大概有100次。而糟糕的时机每天都有一大把。

图8.1展示了巴菲特通过棒球理论推理出来的选股策略,类似于击球区。泰德·威廉姆斯把本垒划分成高的分区和低的分区,你也可以设计一个示意图来评价自己的投资业绩。在这里,目标是只击打那些能让你获得高分的球。两个因素决定了你的成功率:公司的实力和股票的价格。一般说来,股票的价格越高,所选公司的实力越差,成功的机会越低。统计数字表明持股时间的长短也会影响总体业绩。当你决定只持有很短的时间时,最好的估测就是你有50%的机会选到一只盈利的股票,这只股票的价格还得够低。因为股票一天内的变化太不可捉摸,如果你只想短期持有,选到好股的几率最多是50%。税收、佣金、买卖差价等多个因素都会削减成功率。

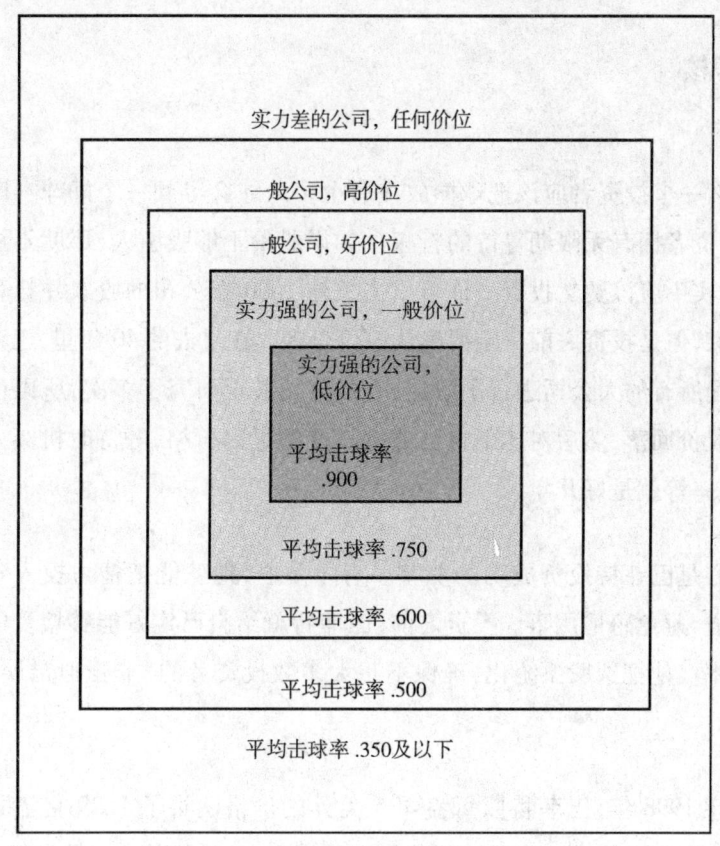

图8.1 投资击球区(成功率)

你甚至应该避免成功率最大的情形,而只关注成功率 100% 的投资。就像泰德那样,他在击球率为 40% 的区域里寻找投球,你需要找到成功率更大的股票,比如 75% 的成功率。但是怎样才能抓住这样的机会呢?在以后的章节里,我会做出解释。股市上能否成功绝大部分取决于买入时的股价。在一个诱人的低价买入并长期持有,这就是一个赚钱的好机会。实际上,在整个 90 年代,只要投资者长期持有手中的股票,赚钱的机会就能超过 80%。而没有这么做的投资者成功的机会都大打折扣。同样,股价上涨必然导致平均击球率下降。比如在 90 年代,为一只好股支付 15 倍的价格仍会保持高击球率,但是支付 30 倍的价格就可能降低击球率了。

30 年考核

那么一个投资者应该把球棒放在肩上多久才会等到一个好球?巴菲特坦言,投资者拥有无限期等待的特权。如果股价不够吸引人,那就不买。实际上,确实不应该贸然投资。你可以去关注 1000 家公司的股票并打算投资其中一家,但是投资之前一定要确认股价合理。在过去的 40 年里,巴菲特几乎对美国所有的大公司进行了研究,有的公司甚至研究了多次,所以他能安心等待股价回落,然后对比下自己能够接受的最高价格,等待时机买入。有时候,这一等就是好几年。

耐心是巴菲特投资成功的奠基。有了耐心,他就能把精力投入到该投入的地方,避免感情用事。投资之前,巴菲特就给自己定好能够接受的股价和回报率。他把选股系统化,确保不犯大多数投资者的"非强迫错误"而浪费精力。

回想 1998 年,巴菲特以每盎司 5 美元的价格购买了 1.29 亿盎司的白银。当有人问他为什么突然这样投资时,他说自己已经关注白银市场 30 年,此时的白银价格正好是他想出的价格。确实,加上通货膨胀导致的物价上涨因素,巴菲特做这笔投资时,白银的价格落到了 650 年来的最低点。这也是英法百年战争以来，白银交易的最低价格。下面我们谈一下长期考核。在 80 年代末，巴菲特开始累积头寸之前，他已经关注可口可乐公司股票多年了。人们知道巴菲特投资过资本城市、ABC、迪斯尼公司，但是他对这些公司考核了多久却不得而知。巴菲特都曾买卖过这些公司的股票，但是在股价落到他满意的价位之前，他不会轻举妄动，而是一直关注公司的经营状况。你相信他关注迪斯尼有 30 年之久吗？

把你最喜欢的股票存起来

和其他伟大的投资家一样，巴菲特有着很强的辨别能力。他能抵制住看起来吸引人的股票的诱惑。如果价位合理，任何一只股票都有赚钱的潜力。但是巴菲特不是看到股价低就会去买。

美国股市上挂牌交易的大概有 10000 只股票，这里面包括高通公司、甲骨文公司的股票都有可能被低估并在股民手中进行交易。但是这 10000 家公司中只有少部分股票有长期发展前景。大多数公司要么是实力不济，要么是发展不平稳，这些公司的股票就不能轻易买入。另外有一些公司的股票会在某时段让投资者获益，但是当大部分投资人不再追捧它们而转向其他短线交易时，这些股票很快就跌下来。由于已经精心挑选了很久，你的待选目录上的股票会减少到几十只。然后，你再瞄准其中的几只，价格降到合适的位置就果断买入。

巴菲特认为千万不能因为手里有闲钱就一定花到股票上。在很多情况下，鼓鼓的钱包往往刺激投资者作出错误决定。1999 年初，巴菲特手里持有 35 亿美元的现金和伯克夏的债权。这笔钱相当于许多小国年国民生产总值之和，但他没有轻易去买股票，而是把钱放在那，直到发现价位合适的股票才去买。与此相反的是，大多数的投资者有一种心理强迫，不自觉地想为手里宽裕的资金立刻找到去处。他们不是耐心地等待看上的股票价格回落，而是不加考核就匆匆买入，到头来发现购买的都是一些没什么潜力的股票。

巴菲特从不犯这种错误。他会花几年的时间仔细考察感兴趣的公司股票，然后再等股价降到合理的价位时买入。如果股价没有降到他期望的价位，他就按兵不动。因为他坚信价格迟早会如他所愿。而在等待的时候，他会把注意力转向那些已经如他所愿降价的股票上。

为了练习这种购买方式，你应该做一个清单，一一列出想买的股票，上面包括你现在愿意支付的最高价格，把这个清单（像表 8.1 那样）放到你经常可以看见的地方并定期对照。

表 8.1 买入点

公司名	现股价	欲买入价	备注
运通公司	$135	$100	不够便宜
安进公司	$65	$45	太贵
思科系统公司	$130	<$60	下跌风险高
联邦快递	$33	<$40	适合买入
通用电气	$135	$135	适合买入
英特尔公司	$115	$70	价格不稳
耐克公司	$39	$45	良机
纽柯钢铁	$45	<$50	买入
宝洁公司	$65	<$85	考虑中
SUN 微系统公司	$95	$65	估价过高
迪斯尼公司	$38	$25	回报率令人担忧

把股票暂时存起来在于提醒自己保持警觉。购买之前，必须先仔细研究公司状况，确定对这个公司进行合理估价。评估会让你避免在不熟悉行情的时候贸然投资。这种方式也能确保你的投资组合里的股票都是你想买的那些，而不是因为手里有闲钱而随意买的。另外，这种方式还能培养你的耐心，这是最重要的一点，最终会提升业绩而且没有乱花钱。

第八章 提高命中率

你应该定期更新这张清单,确保你定出的目标价格很合理。如果一家公司增势变弱,你最初定的购买价格就可能偏高了。相反,如果这家公司的实力有了提高,股价就不会落到你设定的低价上。这种情况下,你必须对公司进行重新估价,以决定它的股票是否值这个高价。

关键在于,当你不必去投资时,不要"强迫"自己投资。一旦你对所选的股票充满信心,你自然会减少买入决定。一个成功的投资者就像每年9月的赛季上20场比赛都遥遥领先的球队一样,可以把球棒放到肩上,可以无限制地击球,因为无论怎样你都是赢家,毫无悬念。

至此,你大概已经明白巴菲特使用"击球"理论的原因了吧。用数学语言来表达就是减少失误,提高获利机会。巴菲特深刻体会到投资即概率游戏。如果你在市场上的平均击球率是0.6,即60%的正确选择,你的投资经营的还不错。当这个数字变成75%,你已经做得相当出色。当成功的机会进一步增加到80%或者更高,你就可以尽情享受日后的巨额回报吧。没有任何因素比在合理的价位上购买成长股更能让投资者获益的了。

击球理论还培养了你的耐性和自制力。耐性让你勤奋,富有理性。勤奋就能带来丰厚回报。在耐心等待合适来球的时候,你会强迫自己仔细研究公司情况,而不是匆匆地花5000美元买来一堆美国在线的股票。要花时间调查公司,阅读它的财务报告,了解行业知识,公司的价值以及它的经营模式等。在美国在线公司的股票没达到合适的价位之前,在不了解公司的经营状况之前,绝对不要买股票。这一原则适用于任何公司的股票,不管它是微软公司、电力公司还是仅价值1美元的生物科技股。

第三部

像巴菲特一样研究公司

第九章

资产定价

假设你有一家游乐场,年营业收入10万美元,现在想卖掉它,但是该怎样定价呢?目前有几种不同的价值评估标准来计算它能值多少钱。你心想:"我愿意考虑任何报价,但是我确实不知道买卖该怎么定价。"

简单一想,游乐场或许应该售价50000美元,即其年收入的一半。你算计半天,又觉得这只是游乐场的清算价值,即建筑物、内部设施、自动售货机以及电子游戏机拍卖的总价。这个价格似乎不太合算,如果机器还能赚钱,买主一定愿意出更高的价格。

但是,如果这些机器都得被淘汰掉呢?这样售价只能定为30000美元,就是所有自动售货机和游戏机的置换成本。如果这些机器还能用,那就要在售价里加上机器的获利。

那么售价定在90000美元怎么样?这是资产的净值,即账面价值(营业资产减去短期和长期负债)。这个价格远远超过50000美元的清算价值。但是潜意识里你觉得账面价值不是游乐场的真实价值。如果游乐场的资产和股份也能带来收益,那么这份资产的价值就会远远超过股本所代表的价值。

仔细计算之后，你考虑把售价定位 65000 美元，这是你 6 年前购买游乐场的原始成本，但是这个价格合理吗？65000 美元的价格意味着在 6 年的时间内这份资产没有任何升值。"可是，自从我买下游乐场后，盈利上涨了两倍。仅凭这一点，就该把售价定的比这个价格高。"

你又花了不少时间仔细思考，最后觉得应该售价 20 万美元，即年收入一倍的价格。这似乎挺公道，因为附近城市刚刚成交的一家游乐场就是按其年收入一倍的价格售出。理论上，这完全可行。实际上，这个定价也有漏洞。你认为公平的市场价值是评估资产的最佳标准，但是这个定价或许忽略了一点，即游乐场的售价很可能是随意定出的。某个人对这份资产的定价并不代表所有人的观点。

随着你对这份资产的研究逐渐深入，你开始把更多的相关因素考虑到定价中来。你还可能想把售价定为 60 万美元，即游乐场年收入的 6 倍。"不管怎么说，每一台自动售货机和游戏机至少还能用 6 年，在这段时间内，这笔资产会为买主创造出 60 万美元的收入。但是，最终你会放弃这个价格。有谁会愿意付这么高的价格——60 万美元去买一个游乐场呢？每过一年，游乐场的收入就会少一些。如果买主期望他的这笔投资有 15% 的收益，那么在一年之后他的收入仅能达到 86956 美元。到第 6 个年头，10 万美元的收入仅为 49718 美元"。

这样算下来总感觉有什么不对劲。于是你去请教你的邻居，她恰巧是一位会计师，她会告诉你："我认为它值 21.5 万美元"。

但这个价格是怎么算出来的呢？

假设你的机器第一年给你赚 10 万美元，并且收入以每年 4% 的增速上涨。然后，把所有的与资产运营有关的费用减去，包括工资、税收、折旧、原材料、消耗品、公用设施费用、租金、维护费、保险费及债务。当然这些费用大概也会以每年 4% 的速度递增。预计你的资产在今后 10 年间每年将会获得 35000 美元的平均税后利润。过了第 10 年，估计税后利润每年会增长 8%。

第九章 资产定价

因为你的游戏机到那时已经完全折旧,你得动用部分现金置换新机器。

接下来要分析你过去 6 年的盈利和现金收入变化。因为你的经营曾出现较大波动,所以你的资产在我看来在同行业中风险较大。一个投资者会要求获得 15% 的年收益,我相信一个买家不会接受超过 21.5 万美元的售价。这就是你的游乐场的真实价值。信不信由你。

此时,你觉得万无一失,准备挂牌出售。

一项资产到底值多少钱呢?上面的例子告诉我们,这要看如何界定这个问题。一个买家可能只接受 5 万美元的售价,另一个就可能愿意出价 25 万美元。在华尔街,投资也是这样主观。一个买家愿意以每股 50 美元的价格买入,另一个人可能舍得花 150 美元买同样的股票。两个人的出价或许都不合理,但他们买入时绝对都相信自己是正确的。正是价格与价值在主观上的相互作用才使得投资像科学一样成为一门艺术。即使华尔街最老练的投资分析家和基金经理给麦当劳或者微软定价,结果也会相去甚远。当微软每股 100 美元时,有人觉得这个价太高不敢买,另外一些人却觉得 150 美元每股的价格相当公道。对于许多人来说,即便给他一根 10 米的撑杆,他也不敢去够那些高高在上的互联网公司。而其他人却觉得 200 美元一股的互联网公司股票甚合胃口。

从理论上讲,在定价上不应该有这么大的分歧。如果所有的投资者掌握的是同样的信息,并能客观地分析这些信息,他们的价值分析结果应该出入不大。就像前面提到的游乐场,每一项资产都有其内在的真实价值,并反映出企业的长期盈利能力以及长期持有这些资产的风险。资产的价值是动态变化的,随着利率、美元、公司盈利及销售、债务水平及经济状况的变化而不同。实际上的影响因素还会更多。但是,在一段既定时间内,一个投资者应该依据掌握的信息合理地评估一项资产。

你的价值评估是否准确,取决于你的推理是否科学。像游乐场老板的邻居那样,她把所有相关因素都考虑进来,就能迅速做出判断,要购买的股票是否物有所值。买入时的主要目标是缩小选择的范围,并降低失误的概率。不要期望太大,任何人也不可能把公司的价值精确到每一分钱。如果你对公司真实价值的估计偏差在 20% 以内就不错了。一旦你的估计偏差小于 20%,你基本上就不会做出错误的决策,不会为股票支付过高的价格。

几个世纪以来,资产出售定价一直跟着感觉走。直到 20 世纪,买家们才能依据一家公司及其行业数据做出合理股价。即使那时候,人们还是缺乏恰当的分析工具做判断。直到 20 世纪初,估价才变得成熟起来。1938 年,约翰·伯尔·威廉姆斯提出这样一个命题:一家公司的价值等于所有者从公司能够获取的总利润。通过计算公司在整个运营周期的利润并减去通货膨胀和时间现值造成的损失,就能算出公司的真实价值。如果你预测英特尔在预期寿命中能创造 1750 亿美元利润,除去通货膨胀的损失,你应该愿意支付 1750 亿美元买下这家公司。

如果英特尔有 17.5 亿流通股,每股价格恰好反映了公司的真实价值,那么每股售价就不会超过 100 美元。以此类推,如果你估计威尔斯·法高银行总共能创造 500 亿美元的利润,你会愿意支付 500 亿美元来收购它的全部股份。这就是威尔斯·法高的真实价值,即公司未来利润的总价。如果威尔斯·法高有 4 亿流通股,那么每股的真实价值就是 125 美元。这就是投资者要把握的合理股价。

要估计资产价值,就要考虑它将来的盈利。威廉姆斯写道:"年度支付应该按照货币自身价值的变化来调整,投资者会要求用净利率来对其折现。"威廉姆斯认为,公司定价中有 4 个关键点:

1. 你要想象自己就是资产的所有者,并像评估一个私有企业那样来评估一家股份公司。
2. 你要估计公司的未来盈利能力。
3. 你要知道未来的盈利能否预测。
4. 你要考虑货币价值的变化从而对未来收益做恰当的估值。

第九章 资产定价

为什么威廉姆斯把他的定价模型建立在盈利上而不是股价上。盈利是实实在在的。一个所有者可以在每年末把盈利收入囊中,还可以在时机合适时进行再投资。相反,股价并不反映一家公司的价值(尽管学者们对此意见不一)。股价反映的是投资者们对价值的不同认识。由于人的恐惧、贪婪、信息不对称、经济恐慌以及股票交易中异常的供求失衡影响,市场并不如实反映公司价值和股价的真实关系。买入之后,没有什么可以保证股价会持续上涨。尽管有的公司保持了数年的销售收入和盈利记录,其股价仍可能会下跌。同样,尽管有的公司销售和盈利实际上下降了,其股价却可能会戏剧般的上涨。

长期看来,股价会随着资产价值上升的大致速度上涨。在短期内,任何事情都有可能发生。投资者必须像游乐场的买家那样,通过计算可以获得的利润来估价公司。如果你要购买前面提到的游乐场,你就要把买价建立在资产能够带来的税后利润上,或者是在资产每年产生的额外现金流基础上。当然,你不能把价格建立在道·琼斯工业指数上,你不能对一个卖家说:"本周道指下降了4%,所以我要把协议价格降低10000美元"。那样卖家会觉得很可笑。同样,如果道指显著上涨,也别担心卖家会提高要价。人们对经济价值的感知与游乐场的价格毫无关系。股价的变动不会引起资产真实价值的波动。股价的变动只是人们错误地判断真实价值的"后果"。

首先,对资产估价时,要以所有者的眼光看待股票。本杰明·格雷厄姆教导巴菲特如何分析股市牌价。他在1934年就指出,不要盲目接受最新的股市牌价,得问问自己公司股票是否合理地反映了公司的价值。

令人难以置信的是,在华尔街没有人会问"这项资产能卖多少钱?"然而,这却是购买股票的首要问题。如果有人把一项每年收益率为5%定价为10000美元的资产向别人报价,这个人听到报价的第一反应就是把报价乘以20倍,这样整个资产的定价就是20万美元。然后,他会反复考虑这项20万美元的资产是否合算。

格雷厄姆的方法道理很简单:作为投资者,占有盈利。判断价值首先要考虑的是,这项资产每年能给你带来多少净收入,而不是看市场上的股价。股价只能作为一种参考,帮你确定这家公司的价值是被低估或合理还是高估了。

盈利估价

在确定一只股票的买入价格时,巴菲特首先考虑的不只这家公司目前的价值。不对公司估价,包括巴菲特在内的任何投资者都不能确定支付的价格是否合理。不知道公司价值,巴菲特和你都无法确定股票能否带来丰厚回报。因为收益和价格密不可分,而价格和价值同样如此。

前面说过,公司的真实价值是未来预期利润减去资金的时间价值"折现"所得的数目。但这也是资产评估中最困难的一点。华尔街最好的分析家们掌握着上百万美元的研究预算,但他们有时也会对公司及整个行业做出错误的判断。这也是沃伦·巴菲特偏爱那些事实因素的原因之一。他尽力避免把未知因素加入到预测中来。他把这些未知因素称作"7尺高的跨栏"。"查理·芝格和我并不知道怎样解决棘手的商业难题,我们只是知道如何想办法避开它们。可以这么说,我们之所以成功,是因为我们选择跨越一尺高的跨栏,而不是挑战自己去跨越7尺高的跨栏"。

一些公司,如美国运通、威尔斯·法高、吉列、可口可乐,长期以来一直保持着稳定的盈利增长。巴菲特可以据此对它们的未来迅速地作出合理的预测。稳定性是估价资产的一个重要因素。一家公司的发展越不稳定,它的未来就越不稳定。因为这样的公司往往风险很大,不如业绩稳定的公司可靠。不幸的是,世界上99%的公司缺乏美国运通那样的稳定性,由于缺乏稳定的发展记录,投资者们不得不在其他因素的基础上作出不可靠的预测。

巴菲特与这些商业分析家们又不一样了。他认为资产定价的标准应该总是一致的,他不会轻易接受那些时髦的理论,去相信技术产业作为新的产业应该用另一套标准来估价。一切经营活动的判断标准都将是公司把销售

第九章　资产定价

转化为盈利的能力以及盈利增长率。同对铁路、电力设施、软件开发、制片业或者零售业估价的方式一样，互联网公司也不例外。所有这些企业的价值都应该等于它们未来预期收益的折现值。如果预期它们将来不赚钱，那它们就没有价值。所有的资产都应当用同一种方式来估价。不论是马鞭制造商还是移动电话生产商，它们在经济上都是平等的。

运用智慧投资并不复杂，但也不简单。一个投资者要做的就是正确估价。你选择资产时，注意"选择"这个词，不必具有专家的头脑去了解一家公司。你只需在能力所及的范围内对公司做出估价就可以了。能力范围大小不是重点，关键在于知道它的边际。

作为投资者你的目标是以合理的价格购买一项了解的资产从而获取收益。这项资产在5年、10年甚至20年内会有实质的盈利增长。经过长期考察，你会发现满足这些条件的公司少之又少。因此，一旦发现目标，你就应该果断地投资。同时要抵制住某些诱惑，长期持有。要么你干脆别花钱。

在对未来的收益进行评估时，投资者们应该首先研究公司过去的发展状况。研究表明，一家公司的增长纪录是其未来发展趋势的最可靠的指标。不论这是一家像默克那样发展稳定的公司，还是一家像英科那样高负债的周期性增长的公司，这条规律都适用。一家公司如果在过去的25年间一直保持着15%的利润增长率，那么未来它的增长水平不会和这个数据相差太远。如果公司挺过了经济衰退、战争、高利率以及股市崩溃的浩劫，仍能保持住原有的增长速度，就能证明这家公司有实力保持这种增长势头。

不幸的是，在数千家上市公司中，仅有一小部分公司有这样的增势。它们包括艾伯特实验室、默克公司、菲利普·莫里斯、麦当劳、可口可乐、原装配件公司、埃默森电气、自动数据处理以及沃尔格林公司。如果你把这些公司自60年代中期以来的利润增长制成图表，就会发现，无论在经济处于繁荣时期还是衰退时期，这些公司无一例外地保持了持续稳定的增长。能在这么长时期内保持稳定增长的公司极有可能在未来同样出色。毫无疑问，这些公司的年销售额也是相当稳定的。

当投资者们不按照公司真实的增长率推断,或者异想天开,设想公司能够一反常态地跨越增长时,他们就开始犯错误了。一家公司在过去的50年内如果一直是10%的年增长率,那么它不可能今年一下子攀升到14%的增长率。实际上,你应该这样预测:因为要寻找新的市场和不断扩大销售,公司的增长率或早或迟终将会降下来。尽管这才符合逻辑,你仍然相信过去的稳定增长率会延伸到未来。再举个例子,设想一家公司在过去的10年间每年的利润增长都保持在12%—14%之间,那么公司下一个10年的平均增长率极有可能是13%。这样,你可以很快地算出公司的真实价值,因为你已经估计出关键的要素——未来的利润——并且相当可靠。如表9.1所示:

表 9.1 稳定增长的公司

	每股盈利	增长率
1989	$3.00	
1990	$3.39	13%
1991	$3.80	12%
1992	$4.33	14%
1993	$4.89	13%
1994	$5.48	12%
1995	$6.24	14%
1996	$7.06	13%
1997	$7.90	12%
1998	$9.01	14%
1999	$10.18	13%

预计盈利

	每股盈利	增长率
2000	$11.50	
2001	$13.00	13%
2002	$14.69	13%
2003	$16.60	13%
2004	$18.76	13%
2005	$21.20	13%
2006	$23.95	13%
2007	$27.07	13%
2008	$30.59	13%
2009	$34.56	13%

第九章　资产定价

在 20 年中，我们假设的这家公司每股盈利增长了 11 倍还多。如果投资者为 2009 年的股票设定了 1989 年的市盈率，股价也同样会上涨 11 倍。因为公司在过去一直表现稳定，那么公司未来的盈利与你的预测就会基本相同。

那么如何估价周期性增长的公司呢？它们的盈利随着商业周期的波动变化。多数情况下，巴菲特对这些公司的股票不感兴趣，除非市场对股票的定价确实有误，并且存在着某些刺激因素会促使股价不久上涨。其实，巴菲特也不完全排斥周期性增长的股票，伯克夏·哈撒韦的资产组合中就有许多这样的股票，并且已经有多年的历史。其中包括：嘉泰克斯公司、埃克森公司、阿尔考公司、艾米利达·海斯公司、克利夫兰钢铁、通用动力、汉迪·哈曼公司、恺撒铝业公司、沃尔沃思以及几家银行。巴菲特一般在公司业务反弹或者市场低迷，股价受打压时才买入这样的股票。

周期性股票的问题在于，它们没有长期的稳定增长做参考。阿尔考公司在经济高峰时每股可能盈利 6 美元，而在经济衰退时每股盈利可能还不到 1 美元。沃尔沃思仅在 1 年之内就可以从财富的巅峰陷入债务缠身的境地。因为周期性的公司经营状况变化无常，无法提供估价的稳定条件。这种情况在短期内也不可能得到改善。除非人类能够消除经济衰退或者稳住剧烈波动的原材料价格，许多公司的盈利必然会上上下下。因此，在这些公司的发展过程中几乎找不到一段长期性的增长。有些股票，如希尔斯、柯达、通用汽车，它们今天的每股盈利比 70 年代中期的水平高不了多少。这绝不是巧合，在过去的 20 年间，它们的股价几乎没变。

本杰明·格雷厄姆告诉巴菲特，要依据公司的"平均利润"来估价公司，不要只关注一年的利润。通过计算公司过去 7—10 年的平均利润，你仍可以准确估算未来的利润。格雷厄姆同时也建议，投资者不能以超过公司平均利润 16 倍的价格买入。例如，英科采矿公司在经济繁荣时每股盈利高达 5 美元，但是在经济低潮期每股亏损 1 美元。取一段较长的时间来计算，英科每股年均利润大概就是 1 美元。因此，格雷厄姆劝告投资者们，无论经济形势如何,不要接受超过 16 倍的价格。

通过计算过去的平均利润,也能让投资者对资产进行合理估价,并避免在预测中加入不稳定因素。而投资者们往往忽视这一点。比如,英科公司每股盈利达到 5 美元时,他们疯狂买入,似乎忘了利润在某一天会突然跌落这一事实。运用平均利润的另一点好处是,投资者不必预测未来的发展状况——平均利润已经告诉你答案了。如表 9.2 所示:

表 9.2　平均利润

1990	$ 1.55
1991	$ 1.25
1992	- $ 0.40
1993	- $ 0.90
1994	$ 0.10
1995	$ 0.85
1996	$ 1.60
1997	$ 1.85
1998	$ 2.25
1999	$ 2.30
每股盈利	$ 1.05
预估盈利	
2000	$ 1.05
2001	$ 1.05
2002	$ 1.05
2003	$ 1.05
2004	$ 1.05
2005	$ 1.05
2006	$ 1.05
2007	$ 1.05
2008	$ 1.05
2009	$ 1.05

第九章 资产定价

利润的风险折扣

识别和估计盈利的目的在于了解商业风险水平。其他条件不变的情况下,公司盈利风险越高(即不可预测性越高),你的定价就该越低。一家公司的真实价值与其经营的稳定性是密不可分的。因为很难定价,巴菲特不会看好起伏较大的周期性增长公司做长期投资。大多数分析家们也会觉得表9.2中显示的那家公司的盈利很难预测,因为它的商业风险太高。

商业风险的水平对于巴菲特和任何评估者来说都至关重要,它最终决定你应当支付的股票价格。一旦你预测出公司的盈利增长率,你就要考虑贴现因素,以补偿你的资金时间价值。例如,一张大额定期储蓄存单的年利息为5%,但是,通货膨胀的影响会让它的真正回报少于5%。一种10年期的3A级公司债券的息票率可能会达到6.5%,但是考虑到通货膨胀的损失,违约以及商业风险的影响,真正的回报就要少一些。普通股票也会受到这些因素的影响,只是在股市里这些统称为机会成本,即你购买这只股票而放弃了其他获益投资的成本。

对巴菲特而言,定价一家公司与定价一种债权没什么区别(15章的内容)。在定价债券时,要计算每年的收益流量或者"票息",并通过全面反映风险及机会成本的贴现率来对年收益进行折现。资产定价也用这种方式,只是收益来自公司每年的现金量或者盈利。因为股东有权得到公司盈利,定价应当建立在预期的公司年收益上。

机会成本是你在一个具有同样风险的类似投资上本应获得的收益。例如,假定你要投资,现在有两个选择:一家潜在年收益率为15%的自助洗衣店,一定数目的价格为50美元的铁路股票。两项投资风险相当。要确定铁路股票的价值,你要算出铁路公司将来的年盈利或者现金流,并且用每年15%的贴现率对其折现,以算出股价。如果计算结果显示价值高于每股50

美元,就应该投资铁路。如果算出的价值低于每股 50 美元,股票就被高估了,那么投资洗衣店会有更好收益。

所谓对盈利进行折现,就是用将来每年的盈利除以你所选择的折现率。例如,假定公司今后 5 年里预期年盈利为 10000 美元,机会成本为 15%,表 9.3 即显示如何对 5 年的盈利进行折现。

表 9.3 按 15% 的折现率计算公司的盈利

年份	盈利	除以	折现值
1	$10,000	1.15	$8,696
2	$10,000	$(1.15)^2$	$7,561
3	$10,000	$(1.15)^3$	$6,575
4	$10,000	$(1.15)^4$	$5,718
5	$10,000	$(1.15)^5$	$4,972
合计	$50,000		$33,522

第一年,用 10000 美元利润除以 1.15 表示 15% 的折现,结果是 8696 美元,即投资者将得到的利润。第二年,要对利润进行两次折现,所以是 10000 除以 1.15 的平方。第三年,用利润除以 1.15 的立方。以此类推,随着折现率的复利计算,10000 美元的价值明显下降。5 年以后,10000 美元的利润仅值 4972 美元。最后,公司为股东们创造的总利润现值为 33522 美元。这项资产的真实价值就是 33522 美元,即投资者预期可获得的全部收益。

公司的价值就是折现后的利润总和。表 9.3 显示出这家公司价值 33522 美元。如果我们假设公司能运转 10 年,企业的价值会因年度利润总额的增加而增长。

在投资中,我们可以把折现率当作一个参照值。它能显示出既定预期收益下投资者可以支付的最高股价。假定微软的收益采用 15% 的贴现率来折现,计算得出微软的股价为 75 美元。实际上,微软股票的风险收益范围已经得出。如果微软能带给投资者 15% 的年收益率,那么每股价格不会超过

第九章 资产定价

75 美元。反之,如果股价超过 75 美元,收益率将低于 15%。如果投资者以每股低于 50 美元的价格买入微软股票,那么你的收益肯定超过 15%。

多少才是合适的贴现率呢?学者们对其争论不休。根据掌握的数据及不同的计算方式,定价专家们一般会定在 3%—25% 之间。较低的贴现率会使算出的定价很高,而较高的贴现率会让公司的股票被高估。因为贴现率是定价中的关键因素,也是最容易导致结果出错的地方,巴菲特往往选择最简洁的方法。他用长期国债的贴现率对收益进行折现,并且优先考虑 10 年期的国债。原因有三:

1. 巴菲特投资股票的参照物是债券收益。如果他投资股票的收益超过债券,他就选择股票。因此,他对公司定价的第一步就是设定一个门槛收益率。这个收益率能达到或者超过政府债券的收益率。

2. 巴菲特并不试图为自己研究的每一只股票都附上贴现率。贴现率是动态的,随着利率、预期利润、股票的稳定性及公司的财务结构变化而变化。一家公司刚刚宣布的定价或许此刻是合理的,反映了其价值,但是两天之后,新的情况出现时,分析师就不得不重新评估。为了避免不断地修改模型,巴菲特总是很严格地保持他的定价参数的统一性。

3. 大多数投资经理们使用的贴现率不能跟上公司的变化,因此他们的定价并不是公司真实情况的反映。为了算出恰当的贴现率,学者们建议投资者用公司股价的变动作为风险因素。较大的变动意味着较高的风险,此时需要一个较高的贴现率。巴菲特以不同的方式界定风险。他只关注商业风险,即公司股票年收益率大概是多少。像杜邦这样的周期性公司往往年收益变化很大,风险高,所以需采用较高的贴现率。而沃尔格林公司多年来增长率维持在 12%—14% 之间,商业风险较低,其年盈利完全可预测。在巴菲特看来,这和政府债券一样没有风险。所以对这家公司就要用一个同债券一样低的贴现率。巴菲特首先关注盈利增长率变动小的公司,因为他可以用国债的贴现率来对盈利进行贴现。"风险总是来自于你不了解的投资"。

巴菲特与别人运用贴现率的计算方式不一样。资产分析师们计算时，总是选取一段很长的时期来计算公司的盈利，然后对每年的盈利进行折现。以此，他们得到一个反映公司预定增长率的永久"连续价值"。就如表9.4这样对麦当劳进行评估：

表 9.4 麦当劳的定价

最初 10 年每股盈利增长率			12%
10 年后每股盈利增长率			5%
折现率			10%
	每股盈利	除以	等于
2000	$2.50	1.1	$2.27
2001	$2.80	(1.10)2	$2.31
2002	$3.14	(1.10)3	$2.36
2003	$3.51	(1.10)4	$2.40
2004	$3.93	(1.10)5	$2.44
2005	$4.41	(1.10)6	$2.49
2006	$4.93	(1.10)7	$2.53
2007	$5.53	(1.10)8	$2.58
2008	$6.19	(1.10)9	$2.63
2009	$6.93	(1.10)10	$2.67
最初 10 年			$24.68
加上连续价值			59.92
减去每股负债			$6.00
得出真实价值			**$53.92**

巴菲特从不采用这种公式，而是用公司的增长率和贴现率来计算股票的盈利能力。如果对麦当劳定价，巴菲特会用它 2000 年的每股盈利——2.50美元作为一个对照值。为了对未来盈利进行折现，巴菲特用 2.50 美元除以国债的息票率，假设为 6%，算出折现价值为 40 美元(2.50 美元/0.06 = 40 美元)。40 美元的价格就是他的门槛价格。如果麦当劳每股收益固定在

2.50美元,这笔投资就和购买债券一样合算。如果每股价格低于40美元,就会比购买6%息票率的国债还赚钱。如果高于这个价格,比如50美元,那么收益率就仅仅为5%(2.50美元/50美元=0.05),即低于债券6%的息票率。那么这时候就该投资债券而非股票。

对巴菲特来说,麦当劳的股价要远高于40美元。40美元只是和国债同等的价格,巴菲特对这个价格不感兴趣。由于购买麦当劳的股票也存在风险,即其每股盈利有可能低于2.50美元,那时他可能会倾向于购买国债。毕竟,国债的收益是固定的。如果麦当劳能提高其年盈利,它的股价会超过40美元。当未来的盈利增加时,相对于巴菲特的买入价格,每股的盈利率也增加了。这样,只要长期持有,巴菲特的股票就会更有价值。只有这种情况下,他才愿意支付溢价以期获得未来增长的收益。还是表9.4所示的例子,我们假设麦当劳今后10年的年利润增长率为12%,那么40美元的股价和息票率6%的债券相比就更赚钱。毕竟股票未来的收益会持续增长,而债券的收益已经固定不变了。

定价的时候,尤其是给高增长率的公司定价时,令人头痛的是定价总会牵涉一些不可靠因素。为了得出公司现在的价值,你要预测未来的增长,至少要对公司的前景有合理的估计。如果不能预测公司在未来3年、5年甚至10年的盈利,你的分析就存在着致命的弱点。有时,你可能高估了未来的增长,从而对公司的价值评价过高。这就容易出问题。当投资者也相信他们选定的股票盈利会持续增长时,甚至能超越过去任何一年的增长纪录时,他们就不自觉地做出过高的估计。当你认为公司未来业绩会比现在更出色,远远超过以往的表现,就会相信这只股票必然带来高收益。

然而,对未来的预测是定价中最不可靠的因素。如果以100倍市盈利的价格购买甲骨文的股票,你必须证明它确实值盈利的100倍。甲骨文过去的增长率无法支持这样的价格。这就需要投资者们来证明这一点。而只有甲骨文在未来10—15年间的盈利增长率从达到了30%—40%,才能够维持如此之高的市盈率。那么这种情况发生的可能性有多大呢?首先,历史上几乎没有一家公司在这么长的时间内保持这么高的增长率。其次,即使公司目前处于最佳状态,其增长前景也不是确凿无疑的。因此,不可能做出绝对正确的预测。所以,要是有人预测甲骨文未来会怎样,你就不要轻易相信了。

事实上,当股票的价格在 90 年代末一路攀升时,分析家们几乎都避免对公司进行定价。虽然当时的商学院以约翰·伯尔·威廉姆斯创立的分析方法作为分析模型,他们却无法用这个模型解释当时的高价。那些试图对高增长的公司进行定价的人只能得出这样的结论:这些公司将获得持续增长的市场份额,并且盈利将加速增长。许多分析师们求助于一些匪夷所思的方法去说服他们的客户"买入"。但是,无论股价有多高,只要公司的盈利超过了季度估计,那就会带来不错的回报。同样,只要某个竞争对手的股价达到了类似的价值,那么即使被高估了,也是合理的。另外一些公司因为"接管溢价"而被热炒,即如果一家公司能够以某种价格收购它,那么它的价值就应该是这些。

定价越依赖未来的预测,而不是依据公司过去的业绩,就越容易出现错误。一个高市盈率的成长股,其价格构成主要来源于未来的表现,而这个表现一定会与过去有明显不同。所以,今天的分析师们不得不精于数学计算并逻辑缜密,这样才能做出精确预测,而不致产生与此相反的结果。

当然,一家公司的真实价值总是随着经济环境、利率、债务水平及市场条件而变化。每家公司的真实价值每天都在变,但是这种变化往往不能与股价的变化保持一致。一只股票的价格在 3 个月内可以从 50 美元上升到 100 美元,而公司的真实价值却可能仅从 60 美元上升到 65 美元。同样,公司的真实价值从 5 美元涨到 6 美元时,股价却可能从 20 美元下降到 5 美元。当然,价格和价值最终会互相体现,表现一致。市场价格与公司价值之间的偏离不会永久持续下去。如果,一家公司的价值只有 65 美元,而市场价格却达到了 100 美元,那么必然会发生某些变化——要么真实价值增长,要么股价跌落。

在巴菲特看来,真实价值难以捉摸,但是分析严密的话,任何资产都有个大致的真实价值。就像米开朗琪罗坚信他能从大理石中雕刻出真实的灵魂一样,除去表面现象,你最终会发现真实价值。但是,精确估算很难,而且总会受主观影响。如果估价很容易,华尔街的高级分析师们就不会对美国在线的售价有异议了。在所有力捧美国在线的分析师和基金经理中,你一定能发现有人想以同样的价格卖掉他们的股份。

本杰明·格雷厄姆坚持用"安全空间"避免这种境地。如果你拿不准威尔斯·法高每股值 80 美元还是 100 美元,就不要着急买入。等价格回落到远低于 80 美元时再去买。

第十章

账面价值
巴菲特最推崇的增长预测标准

给伯克夏·哈撒韦的股东们做年度报告时,70岁高龄的CEO巴菲特开门见山直指投资经理们需要关注的要点。他首先汇报本年度的投资业绩及表现,而依据的评判标准就是资产负债表中的公司增长纪录。

1998年,我们的净收入是259亿美元,A级股和B级股每股账面价值都增长了48.3%……过去的34年中(即本届管理层接管公司以来),每股账面价值从19美元增长到37801美元,年复利增长率为24.7%。

许多公司CEO在做年度报告时,要么开始就大谈公司的盈利增长或者销售增长在行业内一路领先,要么就力陈自己在公司重大并购或财务改革上发挥了重要作用。甚至还有人把股价的上涨归功于自己。当然,也有人上来就抱怨全球经济衰退或利率上升,导致公司利润及收入减少。而巴菲特的着眼点是资产负债表的变化。

巴菲特非常清楚一点,那就是账面价值增长才能给股东带来

第十章 账面价值 巴菲特最推崇的增长预测标准

长期的收益。如果一家公司的每股账面价值能够持续高速增长,它的盈利收入必然会高速增长。因此,长期看来,账面价值的增长必然导致公司的真实价值及股价相应增长。他在1996年给股东们说:"账面价值的任何变化必然与真实价值的变化紧密相连"。

实际上,账面价值的增长与股份的上涨之间也紧密相连,时间越久越明显。在过去的35年中,美国钢铁或通用汽车公司的每股账面价值没怎么上涨,所以其股价在这段长时间内上涨就极为缓慢。通用汽车1999年的股价仅比1965年的波峰价格高出20美元,而USX的股价则比50年代还要低。相反的是,在90年代,思科系统每股账面价值每年上涨91%,于是其股价相应每年上涨92%。与此类似,90年代的股价和账面价值同时上涨,比率分别为33%和31%。诸如,清频电讯、阿戴普科技、康柏电脑、全国信用公司、耐克、范尼梅以及新科公司等在90年代每年的股价都与账面价值的增长保持一致速度。许多高增长的公司,升阳公司、索特龙公司、哈利·戴维森、美敦力、戴尔计算机及EMC公司等,它们的股价增长远远超过价值的增长。(图10.1)

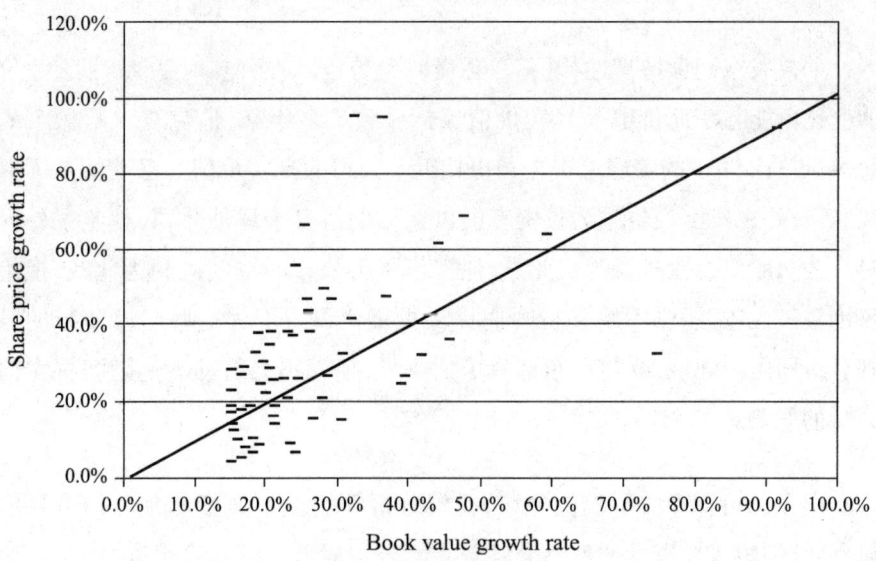

图10.1 1990—1999年高增率的标准—普尔500企业的账面价值状况股价增长率

埃德加·劳伦斯·史密斯首次发现了账面价值与股价之间的这种关系。1924年他出版了《长期投资中的普通股》。这本书受到巴菲特在内的许多著名投资经理的推崇。史密斯认为，账面价值才是提高股票价值最好的办法。通过不断增加公司的留利及账面价值能最大限度地提高股票的价值。如果管理层有权将股东的利润再投资，股价将会进一步上涨，为股东带来更大的回报。

巴菲特投资分析及评判的核心要点受到了史密斯的启发：价值随着留利增长。巴菲特在年度报告特别强调这一点。他说，账面价值的增长非常关键，它能用来判定公司的价值是否增长。巴菲特从来不用股票价格的短期波动来评价公司的发展及经营者的能力。理论上说，公司管理者无力改变市场上股价每日的变动。1998—1999年间，冲击型的投资者们可能会完全不考虑公司的财务状况就疯狂追捧某只股票，导致股价短期内翻一倍。当然，这些投资者也可能在公司盈利时突然大肆抛售股份，这样股价在数小时内就会下降30%。无论出现哪种情况，这都与管理者没有直接关系。股价上涨不是他们的功劳，下跌也不是他们的失误。

如果股东们保持理性，既不在恐慌时抛售也不在狂热时购买，那么股价的变化就能与账面价值及真实价值保持一致。多年来，伯克夏·哈撒韦的股票价格比99%的美国上市公司更接近于公司的真实价值。巴菲特从不拆细股票，并在年度报告中为投资者提供充分的信息来评估公司，杜绝了外界对其公司股票的投机行为。此外，他视华尔街公布的季度盈利为儿戏，拒绝评论暂时性收益，也不给分析师们提供投资建议。因为这些与巴菲特的原则背道而驰。他说，既然股东选择了伯克夏，他就不会鼓动他们随意买卖伯克夏的股票。

由于公司管理层不提供建议，投资分析师们就不敢贸然预测伯克夏的盈利状况，短线投资者们就不会频繁买卖公司股票。这正合巴菲特的心意，伯克夏的股票基本上没出现过股民突然的抛售或购买状况。1988年，巴菲特对股东们说："我们并不期望伯克夏的股价一下子涨到顶点，而是希望股

第十章 账面价值 巴菲特最推崇的增长预测标准　　113

价按照公司真实价值被交易。查理·慕格和我都不愿看到股价被高估或者低估,这两种状况都会造成不良后果,令股东们措手不及。"

　　巴菲特认为,公司每股账面价值的增长才是衡量公司业绩的标准。作为伯克夏的CEO,巴菲特评价公司年度业绩时,喜欢把公司账面价值的增长同标准—普尔500股票指数的增长作比较(表10.1)。如果伯克夏的账面价值增长超过了股指,就说明管理者出色地胜任了工作,为股东创造了更多的价值。由于账面价值是实实在在的,不像股票价格那样瞬息万变,它可以作为反映公司业绩的晴雨表。公司的一点小变化都有可能导致其股票在一个月内下跌30%,而公司的账面价值却不会这样。除非管理层突然决定重组企业的运营机构或者招致了重大的财务损失,才有可能导致账面价值的变化。伯克夏的管理层并不愿和分析师们合作,因此伯克夏的盈利并不容易预测,那么伯克夏的股票也不会被频繁买卖。

　　图10.1的散点图显示了股票价格与账面价值的相互关系,我选取的是20世纪90年代标准—普尔500股票指数增长最快的公司,通过比较它们的每股账面价值的增长速度和股票价格的上涨速度来研究两者的关系。图中趋势线上的每一点都表示账面价值与股价的上涨速度一致。公司位于线上,说明其股价上涨超过了账面价值的增长,而公司位于线下表明其股价上涨低于账面价值的增长。图中的每个点都代表一家标准—普尔500股票指数公司,在这10年间,它们的账面价值每年都以超过15%的速度增长。

　　这些点大都分布在趋势线附近,说明这两个变量之间密切关联。例如,账面价值增长速度达到20%的公司,其股价每年至少上涨20%。表中只有四家公司,戴尔计算机、EMC、微软及索特龙公司(表中最高的四个点),其股价的上涨远远超过账面价值的增长。这意味着股东们期望管理者能提高公司的价值而且愿意为此支付风险溢价。趋势线以上的公司在90年代的"价格—账面价值"比率持续攀升,即投资者们愿意为一美元的股本增值付出多于一美元的价格。他们之所以甘冒风险,是因为90年代末,公司的股票收益

表 10.1 1989－1999 财政年度选定的标准－普尔 500 公司每股账面价值的增长

	10年增长率	1998–1999	1997–1998	1996–1997	1995–1996	1994–1995	1993–1994	1992–1993	1991–1992	1990–1991	1989–1990
思科系统	90.8%	57.0%	60.0%	47.2%	71.5%	53.9%	71.4%	88.0%	82.9%	72.9%	543.0%
联合健康公司	74.3%	-7.5%	14.7%	13.7%	12.5%	159.9%	31.4%	87.0%	118.3%	77.8%	669.6%
清频电讯	59.0%	91.2%	166.7%	181.8%	24.9%	30.8%	176.3%	21.1%	613.5%	15.6%	-84.1%
索特龙	47.5%	105.0%	25.1%	20.3%	22.9%	35.05%	24.7%	103.2%	69.5%	25.7%	75.9%
卡宝龙系统	45.5%	-7.7%	-0.9%	28.5%	31.0%	38.5%	45.2%	40.9%	44.1%	96.8%	244.0%
微软	43.7%	69.7%	55.7%	28.8%	29.5%	27.4%	33.2%	42.7%	55.9%	43.9%	57.0%
BMC 软件	41.6%	53.3%	35.0%	42.0%	26.6%	24.7%	14.2%	55.0%	55.9%	39.7%	81.1%
康塞克	39.3%	-0.2%	20.1%	64.8%	96.8%	-38.5%	54.6%	41.3%	164.9%	35.7%	80.5%
卡克斯特	38.6%	186.6%	186.3%	75.2%	-155.8%	6.6%	-0.2%	339.9%	-986.8%	-178.6%	-112.9%
卡姆维斯科技	36.5%	-0.2%	21.1%	50.4%	10.6%	12.9%	134.1%	71.1%	25.3%	9.6%	124.3%
戴尔计算机	36.0%	81.8%	28.1%	21.2%	56.4%	45.7%	-9.4%	30.8%	98.4%	36.4%	5.2%
EMC	32.1%	38.0%	39.2%	38.5%	35.8%	63.3%	118.6%	28.0%	12.2%	8.2%	-15.5%
家庭仓储	31.7%	22.2%	17.3%	18.5%	37.7%	21.3%	20.6%	29.7%	107.6%	30.2%	31.2%
办公补给公司	30.6%	-2.2%	14.2%	14.2%	34.5%	21.9%	37.8%	19.9%	48.7%	9.2%	157.4%
甲骨文	30.6%	27.4%	25.4%	27.5%	48.3%	67.3%	39.3%	19.4%	23.0%	-14.4%	62.7%
阿姆跟	28.9%	21.5%	6.2%	23.9%	30.7%	10.3%	27.5%	70.1%	28.2%	74.8%	13.2%
阿藏普	28.2%	-5.6%	28.6%	27.8%	34.3%	26.4%	28.2%	57.5%	16.5%	15.0%	68.3%
应用材料	27.7%	33.6%	5.9%	21.8%	32.2%	73.2%	54.2%	22.9%	25.7%	690.0%	15.0%
弗兰克林财产	27.7%	16.8%	23.2%	26.5%	21.6%	25.7%	30.0%	46.5%	28.6%	26.4%	33.3%
威盛	26.4%	-5.9%	6.3%	11.9%	-0.2%	288.5%	21.0%	8.0%	69.6%	-0.2%	0.4%
斯塔普	25.8%	40.5%	22.6%	21.6%	41.7%	14.8%	11.7%	31.0%	71.8%	830.0%	7.2%
英特尔	25.7%	8.5%	25.5%	41.2%	31.8%	25.1%	37.9%	20.1%	20.4%	30.2%	19.9%
伯克夏·哈撒韦	29.0%	48.3%	34.1%	31.8%	43.1%	13.9%	14.3%	20.3%	39.6%	7.4%	44.4%

第十章 账面价值 巴菲特最推崇的增长预测标准

达到了 20 年代末以来的最高水平。收入增长、低成本、资产出售、重组以及股票回购都刺激股票收益上升,所以股东们愿意为支付高价。

尽管伯克夏·哈撒韦的股价基本围绕公司的真实价值变动,它也曾阶段性地被低估或者高估。当巴菲特接管公司时,每股账面价值大约是 19 美元。在他看来,这个价格超过了公司的真实价值。而今天,巴菲特相信伯克夏的价值已经超过了每股 37987 美元的账面价值。这一自信源于公司业绩斐然的保险业务及良好的资产负债表。

怎样增长账面价值

在巴菲特管理下,伯克夏的账面价值增长明显。这一业绩使他无愧于 20 世纪顶尖 CEO 的称号。自从他于 1965 年接管伯克夏以来,公司每股账面价值从 19 美元涨到 37987 美元。同期,没有一家上市公司取得这样的骄人业绩。巴菲特如何成功的呢?他将大部分增长归结为伯克夏持有的股份增值上。巴菲特为伯克夏的投资组合精挑细选了多家增长潜力巨大的公司,在价格合适时买入,确保这些投资能为公司增值并带动股价上涨。

也就是说,巴菲特持有的可口可乐股票上涨 5 亿美元,伯克夏的账面价值就上涨 5 亿美元。吉列股票价值每增加 1 美元,伯克夏的账面价值就增加 9.6 亿美元(持股 9.6 亿)。自从 80 年代巴菲特购买可口可乐股票以来,股票价值的增长已为伯克夏的账面价值增添了 103 亿美元。伯克夏投资组合中的华盛顿邮报股份为公司账面价值增加了 9 亿美元。GEICO 股票在 20 年中为公司增值 24 亿美元。1996 年公司收购 GEICO 后,实际增值可能更高。

由于大部分公司没有伯克夏的远见和实力,不能通过股份增值来增加账面价值,它们通常通过扩大利润、创造更高的资产收益或者谨慎并购这些传统方式来增值。当账面价值由于这些运作而增加时,真实价值也会增加并带动股价上涨。但是,当盈利增长而股价不变,公司很可能出现问题了。管理者们可以在盈利和真实价值不变的情况下,运用某些手段增加账面价值。所以,投资者考察公司时,要注意分辨以下几种情况:

增发新股会提高账面价值。

过去几年中,互联网公司为避免破产增发了无数新股。这一举动使这些公司臭名昭著。它们用融资支付账单并扩张市场。每一轮新的融资都为资产负债表注入大量资金。表面看来,这些公司的净值相当可观,实际上,它们正在亏损。

并购创造持续增长的账面价值。

管理顾问彼得·杜卡克曾说:"资产交易令人期待,但是交易完成之后没有任何实质意义。"一次并购确实会迅速增加账面价值,但同时也会影响公司的盈利并减损公司的真实价值。出现这种情况,是因为公司在并购时支付了过高的价格,即一美元没有买到一美元的价值。不幸的是,这种不等价交易的后果往往在几年后才显现。而一旦出现问题,管理者要么划减资产价值,要么削价出售并购的股份。当公司支付了溢价时,它往往求助于增发新股来支付,这样账面价值就增长了。所以,即使真实价值没有增加,账面价值仍会增长。

利润存入银行来增加账面价值。

其他因素不变,如果公司把利润存入银行,账面价值也会增长。但是公司会这么做吗?由于复利,利息每年都会大幅增长,账面价值也因此增长,但增长速度会不断下降。而同时股票收益逐渐减少,直至降到银行的利率。

第十章　账面价值　巴菲特最推崇的增长预测标准

账面价值比盈利能更好的反映价值

为什么巴菲特用账面价值而不是盈利和股价来衡量公司业绩呢？巴菲特不相信瞬息万变的股价。他告诫投资者们不要用股价的年度增长衡量管理者的水平。长期看来，股价变动能够反映公司的表现。但是，短期内，两者之间关系并不密切。

巴菲特青睐账面价值，还因为盈利数据并不完全可靠。管理者可以运用多种手段操纵盈利：重组费用、资产出售、坏账注销、裁员或者资产整理费用支出。这些名目合情合理，让人觉得公司运转一切正常。而实际上，大量的利润被扔进了下水道。以美国的电话公司行业为例，美国电话电报公司、南方贝尔、大西洋贝尔以及SBC通讯，在90年代其账面上的盈利每年都在稳步增长，所以投资者对这些公司信心十足，把它们的股价哄抬的越来越高。1989—1999年间，三大巨头的股价上涨了4倍。

而实际上这些增长都是虚假繁荣。公司在频繁地进行资产注销、重组以及裁员。如果美国电话电报公司或者南方贝尔为了削减成本而注销10亿美元资产，这相当于削减了股东的10亿股份。在80年代和90年代初，美国电话电报公司多次注销资产，以至于它的全部会计费用超过了盈利。也就是说，管理层没有创造出任何价值。

作为公司所有者的巴菲特从来不把利润存进银行。他把每年的盈利拿出再投资以维持业务发展。"如果在1980—1990年间全部投资密集型资产，赚到的利润存起来，并实施严格的财务收支，那么资产最终升值幅度很小或者干脆没有变化"。表10.2显示了贝尔旗下3家公司在13年中的盈利和账面价值变化状况。这些企业并没有为股东们增加多少真实价值。尽管会计盈利以每年5.7%的速度上涨，大西洋贝尔每股账面价值在这段时间内实际上下降了。南方贝尔的账面价值每年仅增长2%；SBC通讯的账面价值每年增长 1.7%。但他们有一点相同:股价迅速上涨。

表 10.2　是否存在真实价值的增长

	每股账面价值	每股盈利	每股账面价值	每股盈利	每股账面价值	每股盈利
1986	$10.45	$1.46	$5.90	$0.85	$6.52	$0.86
1987	$11.03	$1.56	$6.22	$0.87	$6.82	$0.87
1988	$11.64	$1.66	$6.38	$0.88	$7.08	$0.88
1989	$10.89	$1.67	$6.80	$0.87	$6.96	$0.91
1990	$11.36	$1.69	$6.63	$0.85	$7.15	$0.92
1991	$9.89	$1.71	$6.75	$0.78	$7.38	$0.96
1992	$9.00	$1.62	$6.99	$0.85	$7.76	$1.09
1993	$9.43	$1.70	$6.80	$0.90	$6.34	$1.20
1994	$6.97	$1.77	$7.24	$1.05	$6.86	$1.37
1995	$7.63	$1.94	$5.95	$1.12	$5.13	$1.55
1996	$8.48	$1.98	$6.68	$1.27	$5.70	$1.73
1997	$8.24	$2.48	$7.64	$1.41	$5.38	$1.84
1998	$8.39	$2.72	$8.26	$1.65	$6.52	$2.08
1999	$9.80	$3.00	$7.60	$2.00	$8.10	$2.15
增长率	−0.5%	5.7%	2.0%	6.8%	1.7%	7.3%

　　巴菲特的观点是,账面价值的变化是评价一家公司实力的关键。比如,由于支付过多的会计费用,账面价值没有增长,电话公司的资产往往会迅速贬值。它们耗费数十亿美元购置的设备会很快被淘汰,每年净收入的大部分将用于更换交换机、网络及各种设备,而不是用于再投资。新技术不断取代老技术,技术革新使得许多员工无用武之地。因此,公司不得不划减设备及设施的价值并裁员,而对外宣称它们用股东的资金购置的设备不能保值。因此,我们不难理解巴菲特为何总是回避投资电话公司的股票。

丢人的"会计费用"

巴菲特对会计费用总持怀疑态度,因为只消动用数据就会让许多问题消失,而这些管理上的问题往往会掩藏数年。在1998年的年度报告中,巴菲特称日益臃肿的会计费用和频繁的资产注销为丢人之举。他指责某些高管利用会计手段粉饰公司业绩并抬高股价。

相当一批高级管理人员……都认为操纵盈利以满足所谓的华尔街意愿合情合理。并且,许多CEO认为这种操纵正是他们分内的事,管理的目的就是让股价上涨。为了推动股价,他们尽力运用各种手段操纵盈利。利用会计手段伪装出一份靓丽的财务报表。

以波音公司为例,假定波音为了在今后几个季度内降低成本而支付了10亿美元的季度费用。在随后的几个季度内,波音实际上已经消耗了"储备资金"。这种非经常性损益无法体现在损益中,所以单位利润就提高了。

巴菲特在其年度报告中举了个例子,一个高尔夫球手打出了90杆的成绩,但是他记为140杆。这样就为后面建立了一个"坏杆储备",即后面就可以去掉50杆。尽管高尔夫球手的真实成绩可能极不稳定,是90杆、115杆、72杆、80杆、77杆和106杆,而记录却显示他的成绩为140杆、80杆、80杆、80杆、80杆、80杆。裁判会忽略最高成绩140杆,所以他虽然成绩偏低,却表现稳定,值得称赞。

一家公司如果存在大额的会计费用,就说明它也实施了类似高尔夫球手的手段。比如,波音可能会把所有的成本计入当年的账务中,而在随后的年份把税后利润提高至10亿美元。华尔街反而会赞扬波音降低了成本,却忽视这一举动对账面价值的损害。波音的股价会相应提高。虽然以后的盈利记录没有真实增长的数据,但波音并不觉得一个季度的大额会计费用能对公司有多大影响，并且随后的账务看起来很光彩。

摩托罗拉、波音、耐克以及几家大银行都如法炮制，它们在前面的季度中支付数十亿美元的费用来扮靓盈利。标准—普尔500指数企业将1998年所宣布的盈利的20%—25%用于非经常性损益费用。这是自1991—1992年度以来，会计手段的最高花费。当时，许多大公司为了降低未来的养老金成本而支付了巨额费用。因此，这些公司报告中每股盈利的每一美元中就有25美分是"造"出来的。相反，P/E比率在90年代末的大部分时间里低于10%。

摩托罗拉在1998年支付了将近20亿美元的费用，相当于其数十年间为股东创造的账面价值的13%。华尔街在此后的15个月中让它的股票上涨了200%。"不幸的是，在现实中擅长会计手段的CEO们似乎有点上瘾。不管怎么说，花几个小时练习开球不如修改记分牌来的容易，他们当然不愿意轻易舍弃"。

但实际生活中，坏杆还是有可能再次出现。当公司支付重组费用时，管理层不得不承认这是对公司资产处置失误导致成本增加的后果。总之，投资者应该仔细考察公司的会计费用。但是，由于大公司每年都会有一次较大支出，投资者不可能精确判断公司的盈亏底线。但只要有费用产生，兼并或者资产出售，超过40%的盈利就不太可能。

在过去几年中，投资者们并不太在意会计费用，这点不可取。市场战略家们坚持认为公司盈利增长是股价上涨的根源。但是如果盈利一开始就是人为的，那么它终将会探及盈亏线之下，并导致股价受挫。"伯克夏·哈撒韦从不人为地操纵盈利，如果我们让你失望了，希望是因为我们的盈利下降，而不是账目有问题"。

第十一章

理解股本收益率

对于投资者和美国公司来说，90年代是一个非凡的年代。不仅股票投资者们年平均收益率达到20%，公司的业绩也创造了20世纪的最佳水平。当然，这两种现象是互相促进的。如果公司没有高盈利，投资者就不会付出溢价，股市也不会有这么高的涨幅。

实际上，在20世纪股市低迷时期，公司盈利增长放慢和股票收益下降是同时发生的。股票的低收益一般会导致股票的低价值，反之亦然。在20世纪的最后10年里，美国公司的价值超过了历史最高水平，也因此为投资者带来了远远超过20世纪平均水平的收益。

90年代末，那些大公司的高股本收益率ROE是保持股市增势的主要原因。这些收益往往来自于公司的这些方面：持续增加的盈利、提高的内部生产率、管理成本的降低以及大幅销售增长等。公司也会用重组、裁员、股份回购及管理层运作等手段促进股本收益的增长。

20世纪的大部分时期，标准—普尔500指数公司的股票收益率平均为10%—15%，这一数据到90年代上涨迅速。90年代末，公司的股东收益超过20%。要知道，20%是平均水平，这是个惊人的数据。许多技术公司的股本收益在90年代保持在30%以上，如快销产品生产商可口可乐、菲利普·莫里斯以及一些制药公司，如华纳·兰伯特、艾伯特实验室和默克公司等。由于大部分公司为其股东创造出不断增长的收益，投资者们愿意为其股票支付较高的溢价。所以，当普通公司的股票交易价格只是其股本价值的1—2倍时，这些公司的平均股价在1999年末却超过了股本价值的6倍。

但是，在1999年之前，巴菲特就已经开始质疑公司能否继续以超过20%的收益率提高股本收益。如果不能保持这一比率，股价就不应该达到股本价值的6倍。历史证明巴菲特的判断是正确的。在90年代，美国公司不再慷慨地分派红利，而是保留盈利。同期，美国经济的年增长率也仅仅维持在3%—4%的水平上。在这种形势下，公司不可能一直保持20%的股本收益率。只有年盈利增长率超过20%，股本收益才可能达到20%的增长率，而实现这一切的前提是年经济增长速度远远超过10%。

在分析公司的发展状况时，股本收益率是一个重要指标。它协调股票价格和股票价值。许多投资者都非常关注公司过去的业绩及预期盈利增长，即使有经验的分析师也把盈亏底线的增长作为衡量公司成功的标准。然而，一家公司能否为股东资本获得高收益能力与长期盈利同样重要。因为公司可以借助多种手段来改变盈利数据，某些时候，股本收益在衡量公司业绩方面更客观。巴菲特在20多年前就表达了这样的看法：

一家公司经营能力的体现是：公司不耍花招，还能使股本获得高水平利润率，而非每股利润的持续增长。如果管理层和分析师们不再把每股利润及其每年数额变动作为分析重点，股东们及普通股民就能更好地把握公司的经营状况。

计算股本收益率

股本收益率是年利润同生产这些利润所需的平均股本价值的比率。

$$ROE = 净收益/(期末资本+期初资本)/2$$

如果一家公司年盈利 1000 万美元,年初股本价值是 2000 万美元,年末 3000 万美元,那根据公式计算其股本收益率为 40%。

$$ROE = [1000 万/(2000 万 + 3000 万)/2]$$
$$= 0.4 \text{ 或者} 40\%$$

这家公司为股东的资本创造了 40% 的收益。股本价值,即资产减去负债,代表了公司净资产投资的利益。它是股东的资本及公司利用这笔资本创造的盈利减去费用的结果。高股本收益率意味着公司高效地使用了股东的资产,因此,公司有能力快速提高股本价值,并促进股价快速上涨。

巴菲特相信,能够创造并维持高股本收益率的公司很少,但绝对值得拥有。当股价相对于盈利增长及股本收益率达到合理价位时,就应该果断买入。毕竟公司在扩大规模时还能维持高股本收益率非常难得。事实上,许多规模庞大且经营良好的美国公司,比如通用电气、微软、沃尔玛及思科系统,其股本收益率随着规模的扩大在逐渐下降。当股本价值仅为 10 亿美元时,这些公司很容易就能获得足够的利润使股本收益率达到 30%。而现在,股本变成 100 亿或者 200 亿,公司想维持 30% 的股本收益率就难上加难了。一般说来,公司的盈利增长率必须超过股本收益率才能维持稳定的股本收益率。就是说,维持 25% 的股本收益率就需要盈利增长率超过 25%。不分派红利的公司也需如此(分派红利降低了股本价值,所以能更容易提高股本收益率)。如果管理层希望维持住 25% 的股本收益率,他们就得想办法为每一美元的净收入创造出超过一美元的股本价值。表 11.1 显示出微软为了维持其30%的年股本收益率而将年平均利润增长率保持在35.4%。微软的初始股本价值是80亿美元,到2010年,公司的股本价值需达到2230亿元才能保持这一增长速度。

表 11.1 预测微软公司 ROE

	期初资本	净收益	期末资本	ROE	净增长
2000	$8,000	$2,825	$10,825	30.0%	
2001	$10,825	$3,825	$14,650	30.0%	35.4%
2002	$14,650	$5,179	$19,829	30.0%	35.4%
2003	$19,829	$7,012	$26,841	30.0%	35.4%
2004	$26,841	$9,491	$36,332	30.0%	35.4%
2005	$36,332	$12,847	$49,179	30.0%	35.4%
2006	$49,179	$17,390	$66,569	30.0%	35.4%
2007	$66,569	$23,540	$90,109	30.0%	35.4%
2008	$90,109	$31,865	$121,974	30.0%	35.4%
2009	$121,974	$43,130	$165,104	30.0%	35.4%
2010	$165,104	$58,380	$223,484	30.0%	35.4%

巴菲特强调,股本收益表示管理层最大效率地利用了剩余资本。其实,一家公司仅仅把盈利存入银行生息也能持续获益。如果微软不再营业而是把年净收益存入银行,即使只有5%的收益,其盈利仍会增长,但股本收益率下降了。表 11.2 显示了这一点。

表 11.2 预测微软 ROE 下降

	期初资本	净收益	期末资本	ROE	净增长
2000	$8,000	$2,825	$10,825	30.0%	
2001	$10,825	$2,966	$13,791	24.1%	5.0%
2002	$13,791	$3,115	$16,906	20.3%	5.0%
2003	$16,906	$3,270	$20,176	17.6%	5.0%
2004	$20,176	$3,434	$23,610	15.7%	5.0%
2005	$23,610	$3,605	$27,215	14.2%	5.0%
2006	$27,215	$3,786	$31,001	13.0%	5.0%
2007	$31,001	$3,975	$34,976	12.0%	5.0%
2008	$34,976	$4,174	$39,150	11.3%	5.0%
2009	$39,150	$4,383	$43,533	10.6%	5.0%
2010	$43,533	$4,602	$48,134	10.0%	5.0%

第十一章 理解股本收益率

可以这么说，微软的管理层什么都不做，也能为股东带来5%的盈利增长率，并且引以为荣。但是管理者们却没有有效地利用公司的资本。到2010年，它的股本盈利率会降到10%，70年后降到5%，即盈利的增长率水平。实际上，如果净收入的增长速度赶不上股本的增长，就说明管理者们没有高效地利用资本。

许多公司认为"盈利记录"就是每股盈利达到的最高数值。由于公司逐年增加股份，即使股本增长10%且每股盈利增长5%，人们也不会觉得这有多了不起。毕竟，即便是储蓄存款每年也有稳定且持续增长的利息收入。

巴菲特建议，高度关注高股本收益率的公司才能取得成功的投资。如上所示，高股本收益率必然导致一系列的增长：大幅盈利增长、股本价值增长、公司真实价值增长及股票价格增长。如果微软维持其30%的股本收益率，且不分派红利，其净收入及股本价值将会以每年35.4%的速度增长。我们也可以预期股价终将以同样的增速上涨。如果股价同股本价值增长一致，那么股票将以固定的"价格—账面价值"比率进行交易。

表11.3列出了90年代业绩最好的23家公司的年度股本收益率。这些公司都拥有稳定的高水平股本收益率。不难发现，它们的股价涨速远超市场平均水平。如果它们保持这一股本收益率，其股票市值在今后几年将很可能超过股市的平均水平。我们也可以把微软的预测应用到这23家公司，预测10年后各个公司的始期股本值、终期股本值、净收入的增长及股价的上涨情况。其中几家公司的股本收益率比较稳定，如第一数据、微系统及微软。投资者完全可以据此预测其未来的股本收益率。

当你面临两家发展状况差不多的公司时，股本收益率高的公司会给你带来更大的回报。评价一家公司的股本收益率，还要注意以下五个方面：

股本收益率相同，少量负债或者零负债的公司好于高负债的公司。

计算股本价值时，要扣除资产中的债务。因此，在其他因素不变的情况下，资产负债表中的债务越多，公司股本价值越低。因为相对于净收入来说，股本价值基数越小得出的结果值越大。所以，合理举债的公司能够大大提高其股本收益率。如果公司有过高的债务，尤其是盈利周期不稳定的公司，就可能只有很低的股本收益率。表 11.3 中列出的大多数技术公司一般都只有较少或短期的负债，从而确保了较高的股本收益率。它们的资产负债表非常简洁，没有硬件资产。

行业不同，股本收益率不同。

医药和快速消费品行业的公司一般具有较高负债，但其股本收益率也会很高。因为，和周期性的制造商相比，它们的销售更稳定，可预见，所以能够承受较高的债务。它们可以大胆地用债务扩大经营，不必担心经济衰退带来的高额利息。有些公司，如菲利普·莫里斯、百事可乐或者可口可乐，都保持着较高的股本收益率，原因就在于其负债达到股本价值的 50% 甚至更高。

股票回购带来高股本收益率。

公司通过股票回购或者向员工赠予股份和期权，可以有效地操纵股本收益率。20 世纪 90 年代，为了提高每股盈利和股本收益率，数十家大公司开始回购股票。90 年代后期，它们取得了罕见的高股本收益率，50% 以上。假设 Shering – Plough 没有回购股票，那么它的股本收益率只能维持在 20%—30% 之间。

商业周期和年度盈利增长影响股本收益率。

如果周期性的公司也保持着较高的股本收益率，比如 JC 盘尼百货或者戴默制造公司，投资者就要当心了。这种高股本收益率难以长期维持，只是经济繁荣时期的副产品。不要拿经济繁荣时期的股本收益率来预测未来的股本收益率，这常常不可靠。

第十一章 理解股本收益率

人为提高的股本收益率。

重组费用、资产出售或者一次性所得都能使公司的股本收益率发生较大改变。任何减少公司资产的行为，如重组支出、部分出售，能降低股本的价值，但却提高了股本收益率。这些通过会计手段促成的高股本收益率最终不会让投资者获益。

用股本收益率预测公司未来发展

巴菲特多次指出，公司的股本收益率走势和盈利趋势之间相互关联。如果年度股本收益率上升，盈利率也应该相应增长。如果股本收益率稳定，那么盈利率也应保持稳定。关注股本收益率，投资者更有把握预测公司的未来盈利。如果能估计公司的未来股本收益率，就可以据此估计股本价值的年度增长情况。或者说，如果能估计股本价值的增长，就能合理预测年终股本价值所需的盈利。我们仍然用微软的例子来说明这个问题。假设微软2010年的年度股本收益率为30%，这一数字可以帮助我们推算出微软的年终股本价值，并进一步计算出所需的净收入。通过计算，可以得到微软的盈利将以每年35.4%的速度增长。

当然，这些推算的源头是股本收益率。如果微软的股本收益率没有达到30%，我们就不要期望它的盈利增长速度能到35.4%。没有任何一家像微软这么大规模的公司能持续保持30%的增长速度。所以，当估价那些刚刚起步的技术公司时，一定要牢记这一点。表11.3列出了90年代保持持续高股本收益率的公司，但是大部分的技术公司没有稳定地保持其高股本收益率。某些公司的股本收益率，如甲骨文、西芒泰克软件及奥特拉，在行业不景气的时候也都经历过下滑。

表 11.3 股票年收益—技术股

	1989	1990	1991	1992	1993	1994	1995	1996	1997	1998	1999 (est.)	ROE 平均	预测
半导体行业													
奥特拉	23.1%	21.9%	21.9%	12.1%	17.4%	9.2%	34.0%	29.5%	28.2%	17.5%	17.0%	21.1%	
达拉斯半导体	13.4%	14.2%	13.0%	13.7%	15.5%	15.3%	15.6%	14.1%	18.4%	13.4%	14.5%	14.6%	高
英特尔	17.4%	18.1%	18.0%	19.8%	30.4%	27.7%	28.8%	30.6%	36.0%	26.4%	25.0%	25.3%	高
线性技术	15.3%	16.4%	18.9%	20.3%	22.4%	25.4%	27.5%	30.4%	22.8%	23.9%	21.4%	22.2%	
马克西姆联合制造	19.2%	20.1%	19.8%	18.9%	17.8%	18.5%	21.8%	37.9%	29.4%	28.2%	22.3%	23.1%	高
西林克斯	26.8%	19.1%	19.6%	22.1%	23.9%	24.9%	32.8%	23.2%	23.0%	15.0%	20.0%	22.8%	
硬件行业													
美国能源转换公司	39.9%	36.6%	35.7%	36.6%	36.8%	33.6%	24.0%	23.6%	23.3%	22.8%	23.0%	30.5%	
思科系统	56.0%	20.1%	33.9%	34.4%	36.2%	37.1%	34.8%	32.4%	33.0%	26.4%	22.0%	33.3%	高
戴尔计算机	6.4%	24.3%	18.6%	27.5%	NMF	22.9%	28.0%	48.9%	73.0%	62.9%	56.5%	36.9%	
EMC	8.2%	10.4%	18.2%	30.3%	34.4%	32.0%	23.6%	22.7%	23.9%	23.0%	22.7%	19.5%	高
微系统	11.8%	16.3%	17.1%	17.1%	19.2%	21.8%	21.7%	21.4%	22.8%	21.9%	22.9%	17.0%	
太阳微系统	9.2%	12.0%	15.7%	11.7%	10.2%	12.0%	16.8%	23.2%	26.8%	25.8%	24.0%		
软件行业													
Adobe	57.3%	37.2%	28.2%	21.1%	19.5%	18.5%	19.4%	21.7%	26.1%	23.2%	37.0%	28.1%	
奥特德克	29.1%	26.0%	21.6%	18.5%	20.9%	22.6%	25.6%	18.4%	23.9%	22.3%	7.5%	21.5%	
BMC 软件	35.3%	31.2%	32.5%	29.3%	33.9%	33.7%	33.5%	31.3%	30.6%	29.4%	27.5%	31.7%	高
BARRA	20.7%	17.9%	18.9%	14.8%	14.7%	22.0%	30.3%	25.2%	19.2%	22.0%	20.6%		高
计算机协会	15.9%	14.6%	16.5%	23.3%	32.3%	37.1%	50.7%	64.1%	48.0%	47.7%	34.0%	34.9%	
第一数据	20.8%	17.8%	18.1%	20.5%	14.5%	17.2%	18.9%	18.6%	20.0%	18.5%	高		
微软	30.3%	30.4%	34.3%	32.3%	29.4%	27.2%	27.2%	31.5%	32.0%	28.8%	26.8%	30.0%	高
甲骨文	35.5%	30.3%	NMF	14.1%	29.6%	38.3%	36.4%	34.0%	35.7%	32.3%	34.9%	32.1%	
参数数据科技	29.6%	19.5%	24.6%	26.8%	29.2%	27.6%	26.6%	30.9%	34.0%	60.4%	34.4%	31.2%	高
桑德加数据	14.7%	14.6%	13.2%	13.6%	11.3%	12.0%	12.2%	14.7%	15.5%	16.9%	17.0%	14.2%	
西芒泰克软件	31.3%	33.3%	24.7%	NMF	13.4%	25.6%	NMF	19.8%	26.8%	24.7%	25.0%	25.0%	高

第十一章 理解股本收益率

沃伦·巴菲特的资产组合中包含一些消费品以及消费周期性股票,这些公司都有较高的股本收益率。例如,可口可乐、吉列的股本收益率稳定在30%—50%之间。对经营了几十年的公司来说,这一数字令人惊叹。

巴菲特投资的上市公司大都保持着15%或者更高的年度股本收益率。由于有较高的内部收益以及低于平均水平的资本需求,这些公司年复一年地为股东带来高回报,保持着10%—20%的盈利率。表11.4即巴菲特持股量最大的几家公司在90年代的表现。

表11.4 股票年收益—巴菲特持股量最大的公司

	1989	1900	1991	1992	1993	1994	1995	1996	1997	1998	1999*	平均
可口可乐	34.2%	35.9%	36.6%	48.4%	47.7%	48.8%	55.4%	56.7%	56.5%	42.0%	39.0%	45.6%
美国运通	20.3%	15.3%	14.3%	8.7%	13.4%	21.5%	19.0%	22.3%	20.8%	22.7%	21.5%	18.2%
吉列	42.5%	42.5%	36.9%	34.3%	40.0%	34.6%	32.8%	27.4%	29.5%	31.4%	30.5%	34.8%
费雷迪·马克	22.8%	19.4%	21.6%	17.4%	17.7%	19.0%	18.6%	18.5%	18.5%	15.7%	16.5%	18.7%
威尔斯·法高		18.5%	17.1%	15.4%	16.9%	18.3%	20.8%	18.0%	19.0%	19.2%	14.0%	16.0%	17.6%
迪斯尼	23.1%	23.6%	16.4%	17.4%	17.7%	20.2%	20.2%	9.5%	10.9%	9.6%	7.0%	16.0%
华盛顿邮报	21.0%	19.3%	12.8%	12.9%	12.9%	15.1%	16.1%	16.5%	19.8%	13.9%	13.5%	15.8%
通用动力	13.8%	NM	11.8%	7.2%	17.6%	16.9%	15.8%	15.8%	16.5%	16.4%	14.0%	14.6%

第十二章

巴菲特绝招"15%"法则

沃伦·巴菲特坚信,当一家公司的盈利持续增长时,它的股票价格也会持续上涨。比如,公司年收入增长率保持10%,其股价也会上涨大致10%。实际上,许多公司的盈利增长与股价上涨之间存在着一一对应的关联,时间越久趋势越明显。就是说,公司盈利每年增长12%,那么股价的年上涨幅度也接近12%。1996年时,巴菲特就说:"一个投资组合中的公司总盈利在多年内持续增长,那么这个投资组合的市值一定会持续上扬"。

投资者的收益率能否达到12%或者在这一数字上下波动,取决于两个因素:公司维持持续增长的能力以及投资者能接受的价格。即使公众普遍高估公司的增长前景,投资者的收益率一般不会超出公司收入的增长率。回想一下宝洁公司在70年代的遭遇吧。在1972年末波峰到来之前,虽然盈利增长率仅为12%,宝洁的股票市值却超过了盈利的50倍。随后几年中,其盈利增长了3倍,但股价还是不断下跌。这一现象的根源在于宝洁的市盈率下降了。直到80年代初,宝洁在华尔街的牌价相对于盈利率很低时才显示出较大的潜在收益。尽管宝洁在七八十年代不论经历熊市还是牛市,其业绩都增长惊人,但是股票收益率仍然受限于市

第十二章 巴菲特绝招"15%"法则

盈率。

只有当这只股票的长期固定回报率达到15%时,巴菲特才会购买这家公司的股票。15%是巴菲特能接受的最低收益率,它是除去通货膨胀的损失并为未来税收和通胀率上升的风险留出足够的空间后的保险收益率。例如,如果你的股票年收益率是10%,通胀可能使你损失2—4个百分点。然后,还要缴纳31%甚至更多的联邦税。此外,还要确保收益会高过长期国债的收益,以弥补购买股票而非债券的额外奉献。

很显然,如果买入价格合理,选股恰当,获得15%的年收益率应该没问题。但是,如果买入的股票其盈利增长不错,但买入价格过高,最终收益就不会太好。无论拿到手中的是绩优股还是绩劣股,只要买入价格合适,都能给投资者带来超常的收益。大多数投资者没有意识到价格与收益的关系:股价越高,潜在收益率就越低,反之亦然。道理就是这么简单。到1999年底,大公司股价的迅速上扬实际大大降低了它们的潜在收益率。

怎样才能确定这只股票的收益率能达到15%呢?

巴菲特这样算:假设这只股票在10年后交易,首先计算其盈利增长率和平均市盈率,然后和今天的现价相比,得出未来的交易价格加上预期红利,如果不能达到15%,巴菲特就放弃。

举个简单的例子,假设你以每股120美元的价格买入惠普的股票,期望这笔投资的长期收益率不低于15%。10年后,惠普的股价要达到每股494美元,才能为你带来这一回报。关键在于每股120美元的价格能不能让你获得15%的收益率。这个计算过程如下:

惠普股票当前的盈利:至本书写作时止,公司连续12个月的盈利水平为每股3.33美元。

惠普股票的盈利增长:可以在往年的年度报告中得知过去的增长率,并据此估计未来的增长率。或者采用分析师们一致认可的数据。这些资料一般会公布在一些金融网站上，比如雅虎。

惠普股票交易的平均市盈率：首先记住一点，不要认定线性市盈率会长期维持下去。你必须全面考察公司在繁荣期和衰退期高低不等的市盈率，以及牛市和熊市的不同市盈率。因为无法预测10年后的市场条件，选择一个长期以来的平均市盈率比较可靠。你可以从《投资价值指南》中得到这一数据。

公司的红利分派率：这10年中的红利将被加到你的总收益中，所以你需要估计惠普在将来可能分派的红利。如果惠普曾把25%的年收益作为红利，那么你可以预期这10年大概仍会有25%的红利返还。

案例分析：计算收益率

惠普

一旦掌握了上述数据，就可以计算出几乎任何股票的潜在收益率。第一个例子是惠普（表12.1），2000年4月惠普的股票成交价为120美元，2009年每股收益3.33美元。分析家们预测惠普年增长率将增至15.2%。假设红利分派率为25%。如果惠普能够实现预期增长，到2009年每股收益会达到13.71美元。用惠普的平均市盈率17.7乘以13.71美元得到股价为242.63美元。加上预期红利19.96美元，即最终预期262.29美元收益。

第十二章 巴菲特绝招"15%"法则

表 12.1 案例：惠普

价格	$120	增长率	15.2%
每股盈利	$3.33	平均市盈率	17.7
市盈率	36	红利分派率	25%

年份	每股盈利
2000	$3.84
2001	$4.42
2002	$5.09
2003	$5.86
2004	$6.76
2005	$7.78
2006	$8.97
2007	$10.33
2008	$11.90
2009	$13.71
合计	$81.98

10年后获得15%盈利应支付的价格	$485.47
2010年的预期价格 $13.71×17.7=	$242.63
加上预期红利	$19.66
总收益	$262.29
预期的10年盈利率	**8.2%**
获得15%盈利能支付的最高价格	$64.83

计算结果显示10年后达到262.69美元的价格，这确实令人振奋。但是，平均到每年，这个价格意味着120美元投资的收益率仅为8.1%。既然你的目标是年收益率15%，看来惠普很难达到这一期望。只有当股价加上红利在10年后达到485.47美元，购买惠普股票才能带来15%的收益率。当然，如果你足够耐心，等到惠普股价下跌到一定程度也能完成目标。若10年后的收益为262.69美元，只有当目前的股价为64.83美元时才能实现这一期望。这就是说，目前120美元的股价下跌46%才能实现10年后的目标收益率。

英特尔

2000年春开始，半导体工业迅猛发展，英特尔股票狂涨到盈利的60倍。到本书写作时，英特尔的市值达到135美元，即每股2.11美元盈利的64倍。

分析家们预测英特尔将继续保持 19.3% 的年增长率,但是这些数据令人怀疑。目前的股价比市盈率乘以英特尔预期增长的三倍还多。而且,现行的市盈率已经超过了英特尔的历史平均市盈率。以其当前的发展估算,英特尔的股票盈利到 2009 年将达到每股 12.32 美元,那么 10 年后的股价大致为 234 美元,加上 3.79 美元的红利,预期收益为 238 美元。

表 12.2　案例:英特尔

价格	$135	增长率	19.3%
每股盈利	$2.11	平均市盈率	19
市盈率	64	红利分派率	6%

年份	每股盈利
2000	$2.52
2001	$3.00
2002	$3.58
2003	$4.27
2004	$5.10
2005	$6.08
2006	$7.26
2007	$8.66
2008	$10.33
2009	$12.32
合计	$63.12

10 年后获得 15% 盈利应支付的价格		$546.15
2010 年的预期价格	$12.32 × 19 =	$234.12
加上预期红利		$3.79
总收益		$237.91
预期的 10 年盈利率		**5.8%**
获得 15% 盈利能支付的最高价格		$58.81

　　假设 2009 年的股市没有大的震荡,以 135 美元的价格买入,英特尔的年收益率仅为 5.8%。这远远低于 15% 的目标收益率。付出的价格远高于公司的盈利和盈利增长,不赚钱是必然的后果。要想使投入的 135 美元带来 15% 的收益,英特尔的股票在 10 年后必须涨到 546 美元(不加红利)。而只有市场 10 年内持续高估英特尔的股票才会出现这种价格。或者,和上一个

例子一样,等到英特尔的股价回落到58.81美元买入才能获得15%的收益率。这个价格意味着当前的市价下跌56%。

可口可乐

究竟是什么原因让可口可乐的股票在3年时间内发生巨大变动?一句话,自从1998年波峰以来,其股票一直被高估以致严重偏离其盈利,这注定未来的收益不可观。表12.3运用巴菲特的15%法则估算了可口可乐的潜在收益率。1998年股价上涨到89美元的最高价格,这是每股1.3美元盈利的68倍。当时,分析家们相信可口可乐的盈利率将以每年14.5%的速度增长,《投资价值指南》的数据显示,可口可乐股票的历史平均市盈率为22。在此,我们假定红利分派率为40%。

表12.3 案例:可口可乐

价格	$89	增长率	14.5%
每股盈利	$1.30	平均市盈率	22
市盈率	68	红利分派率	40%

年份	每股盈利
2000	$1.49
2001	$1.70
2002	$1.95
2003	$2.23
2004	$2.56
2005	$2.93
2006	$3.35
2007	$3.84
2008	$4.40
2009	$5.03
合计	$30.79

10年后获得15%盈利应支付的价格		$360.05
2010年的预期价格	$5.03×22=	$110.77
加上预期红利		$11.80
总收益		$122.57
预期的10年盈利率		**3.3%**
获得15%盈利能支付的最高价格		$30.30

这个回报相当诱人，但是在89美元的价位买入根本得不到这个回报。10年后，股票市值必须达到360美元（未加入红利），才可能产生15%的年度收益率。然而，历史数据表明可口可乐的价位到时仅能达到110.77美元，加上11.8美元的红利，可口可乐的总收益为122.57美元，即年收益率3.3%。当可口可乐的股价为30美元，而不是1998年中期的89美元是，才能达到15%的收益率。难怪1999年和2000年初可口可乐股价一直下跌，巴菲特也不肯投资可口可乐的股票。按照巴菲特15%的标准，股价还未跌到足够低。每股价格每超过29美元一点就意味着将来的收益减少一点。

艾伯特实验室

可以说，惠普、英特尔、可口可乐是1999年和2000年初的市场估价的特例。但这段时期内，没有几家公司能达到巴菲特15%的目标收益率。当时，市值最高的一些公司股票，比如英特尔、戴尔计算机、全球交互、思科系统、甲骨文等，它们的风险——回报潜力太低，所以出手晚的投资者根本赚不到钱。他们不得不期冀市场继续狂热下去，股票换手率居高不下，才能保持这些股票的价格继续攀升。

当这些大公司的股价一路上扬时，另外一些公司的股价却在回落，并在三四年来头一次显出较大的吸引力。当艾伯特实验室的股票在2000年初回落到29美元时，它的潜力日益显现。此时艾伯特的市盈率为17，低于其历史平均值，仅是其盈利增长率的1.4倍。50年代末以来，艾伯特的增长率在美国大公司中高居榜首，年盈利率在12%—15%之间。当时，分析家们预测艾伯特今后的增长率会保持在12.3%。公司的红利当时高达其盈利的40%还多。

第十二章 巴菲特绝招"15%"法则

表 12.4　案例：艾伯特实验室

价格	$29	增长率	12.3%
每股盈利	$1.67	平均市盈率	18.2
市盈率	17	红利分派率	40%

年份	每股盈利
2000	$1.88
2001	$2.11
2002	$2.37
2003	$2.66
2004	$2.98
2005	$3.35
2006	$3.76
2007	$4.22
2008	$4.74
2009	$5.33
合计	$33.39

10年后获得15%盈利应支付的价格		$117.32
2010年的预期价格	$5.33×18.2 =	$96.96
加上预期红利		$13.36
总收益		$110.32
预期的10年盈利率		**$14.3%**
获得15%盈利能支付的最高价格		$27.27

表 12.4 显示了艾伯特的未来的收益。投资者在29美元的价格买入，10年后股价达到117美元，他才能获得15%的收益率。计算的结果是110美元的收益（加上红利）。由于艾伯特实验室目前市盈率接近历史平均水平，它只需保持这一纪录就能给投资者带来15%的回报率。这个案例分析的结果仍显示艾伯特的收益率略低于15%，但这已经非常接近标准了。

通过这些计算分析，投资者就能在股市的狂热中保持理智，耐心静待股价回落。这也许正是巴菲特连续18个月都不买股票的原因。他甚至都不愿意把赚的钱再投到可口可乐、吉列、迪斯尼这些当时在下跌的股票上。虽然迪斯尼的股价下降了很多，他没有更多的买入，反而抛售了部分股票，也许到年底他会全部卖出迪斯尼的股票也未可知。

这些例子教给我们的重要道理是：你付出的价格决定了潜在的收益。如果你的买入价是 80 美元而非 120 美元，最终必然获得更高的回报。1998 年，当可口可乐的股票达到波峰 89 美元时，当时的市值是年盈利率的 60 倍。大批经纪人和基金都认定可口可乐是难得的成长股。可是，却没有人坐下来仔细分析其股价和未来增长的关系。尽管可口可乐的销售一直在增长，但 89 美元的高价注定让后来的投资者收益欠佳。

迪斯尼股票在 1999 年达到波峰 43 美元。通过上述计算，10 年后它的预期收益率仅为 0.5%。在其预期盈利率下，只有股票市值为 11 美元时才有可能为投资者带来 15% 的收益率。如果投资者希望得到高于 15% 的收益，那就要等到股价低于 11 美元时再买。沃尔格林连锁药店在 1999 年的波峰价是 45 美元，是盈利率的 48 倍，这个价格绝对让投资者收益不佳。根据巴菲特的计算方式，只有当药店的市值低于 12 美元时，才可能达到 15% 的收益率。如果在 45 美元的价格买入，就意味着接下来的 10 年中，投资者一无所获。同样，吉列的股价降到 22 美元时才能达到目标收益率，而美国运通要打个半价才行。

被追捧的股票中，最典型的是查尔斯·施瓦布，其波峰价为 52 美元（3 拆 4 后），这个价位对新买家来说没有任何价值。在既定盈利增长率下，只有股票掉价 80%，即拆细后每股 11 美元时，投资者才能指望得到 15% 的收益率。

这些分析确实让人沮丧，但事实就摆在眼前。如果你选的股票几年之内上涨了数百点，它今后的收益必定会然你失望。尽管如此，许多投资者仍陶醉在昨日重现的幻想中，他们持续跟进，满心想着戴尔或者跨尔电讯的股票在 5 内上涨 50 倍。一家绩优公司的股票被高估，这对潜在收益率是致命的损失。彼得·林奇说过："这才是悲剧：你买了一家被高估的公司的股票，公司业绩不凡但是你分文未得。"

第十三章

另眼看增长

巴菲特也许是第一个勇于承认这个事实的人：没人能精确地估价一家公司。如果让50个分析师同时研究一份材料，肯定会出来50种不同的估价。即使去分析像沃尔格林和默克这样的公司也是如此。理论上说，得出的分析结果应该差不多，但现实生活中完全不是这么回事。举个例子来说，要详细分析一家公司的状况，需要得到100项或者更多的数据或变量，这里面很多数据并没有经过严格的求证，而是基于分析家直觉和经验得来。只要改动一两个数据就有可能得出截然相反的论断。

巴菲特意识到价值评估中这种不经意却不可避免的内在缺陷。他用一句常识来弥补这个不足：只有亲眼看到，才认识了它的价值。1996年年会上，他说自己几乎不用价值评估工具来研究股票。"如果一家公司的价值不能展现在你面前，那它就太不能令人深信了"。

实际上，大部分投资者在购买一项资产前，潜意识里会判断一下它的价值。比如，有人要买一所房子，他可能判断不出贝弗利山上一座4000平方尺的乔治时代房屋的价值，但是面对75万美元的标价，他一定觉得这买卖太值了。同样，如果美洲航空公司把纽约至巴黎的往返机票价格降到199美元，你会立马同意这物超所值。或者,你觉得耐克股票每股 50 美元时没什么吸引力,但一降到 25 美元,你觉得机会来了。

毋庸置言,1999 年末,巴菲特已经觉得值得投资的机会不多了。他认为,贝弗利山就像股票一样已经没有任何价格优势了,只能获取低于平均水平的潜在收益。

许多时候,懂一点常识就能让你判断出一只股票是否具有巨大的潜在价值。或者此时的价格是否还有上升空间。在第 11 章和 12 章,我们研究了两种价值分析手段。它们都是在合理地增长估计上来推测未来的收益。在本章,我们可以用巴菲特的快速分析法来判断市场对股票的种种假设是否属实。

书上说,一家公司的总价值不能超过投资者从中获取的全部收益。换言之,除去通货膨胀和风险损失,如果这家公司总共能赚到的利润是 100 亿美元,股东们应该愿意支付 100 亿美元买下这家公司的所有股份。那么,如果亚马逊的股票在市场上能卖 250 亿美元,投资者们就可以判定亚马逊未来收益的现值就是 250 亿美元或者更多。如果亚马逊的盈利能远超过 250 亿美元,它就是一只价值显现的股票。如果亚马逊最后赚不到 250 亿美元,那么它的股票就被高估了。

现在,要考虑的一点是,250 亿美元的估价是否合理。它是否夸大了公司的潜力。网上有一些计算工具,比如 www.quicken.com 网站发布的内在价值计算工具"股票估价器"。投资者输入相关数据即可得出结果,来判断股票的当前估价是否准确。股票估价器算出的是一个假设的价值数据,它是依据网站提供的假设增长率得出的。其原理为:在现行利率、公司过去和未来的增长率及投资者的目标收益率给定的条件下,投资者可以支付的最高买入价。

像股票估价器这样的内在价值工具可以为投资者提供两方面的信息:

第十三章 另眼看增长

它们可以给你提供一个可靠的买入价格范围。如果数据显示一家公司的股票每股值 50 美元，而股票现行价格为 100 美元，那么就可以放弃这只股了。相反，如果现价为 25 美元，就可以做进一步考察然后决定是否买入。第二，可以用股票估价器对现行市场估价进行实时考察，特别是那些流行的技术股。因为很难估计一家公司的未来增长率，股票估价器提供了一种间接的方法。其实，我们可以用股票目前的价格反推出维持这个价格所需的长期增长率是多少。就是说，与其追究一只股票的合理价格，不如弄清楚目前的价格需要什么样的增长率来维持。

欢迎来到雅虎美国和思科

2000 年 2 月，我考察了美国最大的 200 家公司，验证下市场对其股票的定价是否以其未来的增长为基准。在 15% 的贴现率下，通过股票估价器来确定什么样的未来增长率才能支持公司的目前估价。表 13.1 显示了计算结果。

表 13.1　目前估价所需的增长率，2000 年 2 月

	2000 年 2 月股价	目前股价所需增长率	年销售额（百万美元）	2020 年销售额（百万美元）	2020 年销售额占 GDP 的百分比
美国 GDP		3%	$8,900,000	$16,075,000	
雅虎	360	63.0%	$589	$10,324,461	64%
思科系统	124	39.0%	$12,154	$8,810,798	55%
跨尔电讯	140	46.5%	$3,937	$8,164,280	51%
沃尔玛	55	20.0%	$137,634	$5,276,557	33%
摩托罗拉	155	29.0%	$30,931	$5,037,188	31%
JDS 单相设备	202	63.0%	$283	$4,960,649	31%
亚马逊	75	48.5%	$1,639	$4,457,671	28%
通用电气	136	18.0%	$111,630	$3,057,884	19%
SUN 微系统	83	29.5%	$11,726	$2,063,219	13%
甲骨文	60	30.0%	$8,827	$1,677,568	10%
美国在线	56	34.0%	$4,777	$1,664,375	10%
迪斯尼	38	22.0%	$23,402	$1,248,675	8%
朗讯科技	56	18.5%	$38,303	$1,141,826	7%

	2000年2月股价	目前股价所需增长率	年销售额（百万美元）	2020年销售额（百万美元）	2020年销售额占GDP的百分比
微软	106	22.0%	$19,747	$1,053,653	7%
戴尔计算机	38	21.5%	$18,243	$896,648	6%
全球交互	50	45.5%	$424	$766,700	5%
英特尔	105	17.5%	$29,389	$739,507	5%
嘉信理财	38	19.0%	$3,945	$127,934	1%
Qlogic	190	39.0%	$117	$84,817	1%
宝利通	65	22.5%	$200	$11,581	0%
CMGI	120	20.5%	$176	$7,333	0%
惠普	128	14.5%	$42,370	$635,577	4%
宝洁	94	14.0%	$38,125	$523,971	3%
阿尔考	38	10.5%	$16,323	$120,239	1%
希尔斯·洛依巴克百货	30	9.0%	$41,071	$230,179	1%
艾伯特实验室	33	7.0%	$13,178	$50,995	0%
JC盘尼百货	18	6.0%	$30,678	$98,389	1%
玛特尔	11	5.0%	$4,782	$12,688	0%
菲利普·莫里斯	20	3.0%	$78,596	$141,953	1%

数据显示，只有几家公司过关，即目前的股价合理。例如，被指责的烟草制造商菲利普·莫里斯在未来仅需保持3%的低盈利率就能支持其21美元的股价。实际上，菲利普·莫里斯自50年代以来一直保持着16%的年增长率。因此，市场对其股票的定价是基于这样的预测：菲利普·莫里斯的增长率将下降80%。在1998年末，菲利普·莫里斯的波峰价格为57美元，现在这个价格仅为21美元。导致这个结果的原因无非两种，要么市场正确地估计了菲利普·莫里斯的未来增长率，要么市场上发生了疯狂抛售。

药物及医疗产品制造商，艾伯特实验室，要保持其2000年2月31美元的股价只需每年7%的增长率。1999年底，外界普遍担忧其公司的业务发展，于是艾伯特的股票暴跌20多美元。与菲利普·莫里斯一样，艾伯特在2000年前的35年间增长率一直为16%。当时，投资者们把股价拖至33美元，依据的增长率仅为实际的一半。零售商JC盘尼百货在新千年之际，面临着同样的价格低估。维持目前18美元的股价，公司只需6%的增长率就行。而自 1960 年以来,公司的综合增长率保持在 9%。

但是这些只是少数几家公司。许多华尔街热捧的股票其增长率都被高估了。雅虎是个典型的例子。200 年 2 月,其市值达到 360 美元。而当时雅虎的收入仅为 6 亿美元。虽然公司每季度都做盈利报告,市场还是将其股票市值定到 900 亿美元。这几乎是菲利普·莫里斯市场价的 2 倍。假设贴现率为 15%,那么雅虎将来要保持 63% 的增长率才能维持每股 360 美元的价格。这个数字还要求雅虎的流通股数额保持不变。

现在,我们假设雅虎的年销售额能以 63% 的年增长率扩展,也许合理,毕竟公司的长期盈利与销售额相符。那么,到 2020 年,雅虎的销售额将超过 10.3 万亿美元。再假定美国经济的年增长率为 3%,除去通货膨胀的损失,雅虎在 2020 年的销售收入将占美国经济的 64%。如果我们还有一点生物常识,都会明白即便是草履虫都不可能繁殖的这么快。

这听上去遥不可及,不是吗?但是,当投资者在 360 美元的价位买入时,他潜意识里已经认同了雅虎 10 万亿美元的未来收入。如果公司达不到这个收入,投资者就注定要赔钱。毕竟,股票的价值不会超过公司创造的盈利。

伯克夏·哈撒韦公司副主席查理·慕格说过,最愚蠢的就是为了相信一件事而修改自己的信仰的人。"德摩斯蒂尼预言说,预言家和天才们的自我欣赏很正常。而一般人这么做就显得可笑"。慕格在 1998 年对投资专家们说:"在瑞典,有人做了一项调查报告。报告显示,90% 的汽车司机认为自己超于常人。而这些人在成功的投资顾问们面前,简直就是一群迟钝的物种。事实上,人们都评价投资专家们智慧超常,而不去注意他们愚蠢的一面。"

按照股票估价器的显示,思科系统位居被高估的股票的第二位。为了维持它每股 124 美元的价格,思科的盈利今后要达到 39% 的增长率。尽管世界上还没有一家公司的增长率达到这个数字,许多投资者却认定这完全可能。数学计算也证明了思科不可能有这么高的增长率。假设思科的增长率为39%，到2020年，它的销售收入要达到8.8万亿美元，这是美国经济总量的55%。那么，思科与雅虎一起就能超出美国经济产出3万亿美元。你能想象只有两家公司的经济体吗？

表13.1说明，1999年和2000年最流行的这些股票价位与其实际价值多么不符。这些高价只能说明投资者们多么不理智地哄抬股价，而丝毫不考虑公司的内在价值和股价的关系。当然，没人能精确预测思科2000年的股价，但是在巴菲特看来，无论公司增长速度多快，这些高价都是荒谬的。

2000年初，夸尔电讯的市值为140美元（4拆5后），这意味着其收入将以每年46.5%的速度增长。巧合的是，本章写作完成前一周跨尔电讯的市值下跌30%。但即使其股价继续下降也不会给投资者带来多少收益。我们来计算一下，140美元的价格意味着2020年跨尔电讯的销售额达到8.1万亿美元，占美国经济的51%。

沃尔玛的股价意味着到2020年，其零售额将增长至美国经济的33%。摩托罗拉155美元的价格将预示其2020年的营业额达到5万亿美元。通用电气在2020年实现3.1万亿美元的销售才能维持136美元的股价。美国在线这样发展下去将会占美国经济的1/10，甲骨文也一样。迪斯尼要保持年增长率22%并最终占美国经济的8%。亚马逊则需要4.5万亿美元的销售额来维持目前股价。

牛市在膨胀，人们头脑似乎不再清醒了。价格与价值变得毫无关联。投资者们奋力追逐"冲力"，梦想着增长率会一涨再涨。我们应该客观地看待这些数据。如果股票估计器算出的增长率没问题，那么美国经济有一天就只有几家公司构成了，思科、雅虎加上跨尔电讯就能占据经济产出的绝大部分（它们的大部分销售还是来自海外）。再考虑到微软、甲骨文、摩托罗拉和英特尔，其他公司就不可能存在了。所有雇员只能是来自这7家公司。

第十三章 另眼看增长

如果你相信你存在这样的美好未来,就应该在 2000 年初买入这些股票。巴菲特没这么做,他把钱捂在口袋里。在这点上,本杰明·格雷厄姆做了精彩的诠释:

即使这是真的,未来无限美好的念头也很危险。如果是真的,你会陶醉于幻想的安全感中,觉得一切想法会如愿以偿。不仅如此,这些不切实际的想法往往是错的,而你正在为它们付出巨大代价。这注定将来输得很惨。

第十四章

渴求稳定

我经常光顾当地的麦当劳餐厅,而且每次都会特意看一眼餐厅后墙上贴的点餐统计表。表上统计了当天的订餐数量并把餐厅内订餐和车道上订餐的数量分开。

一年多来,我发现这些数字每天变化不大。除了节假日或者某些周末,分店每天的就餐人数大致相同,其中68%—70%的顾客在车道上订餐。很显然,稳定是资本收益的根源。

1998年之前,克莱克·贝勒尔公司的怀旧乡村连锁餐厅还有相当的吸引力。就是90年代这十年,这家公司在餐饮业留下了辉煌的业绩。其股价也随着收入的增长而稳步上涨。稳定是克莱克·贝勒尔成功的关键因素。当时,一家克莱克的连锁餐厅平均每天的餐桌周转率为8次,这意味着一天24小时内有8位不同的客人在用一张桌子上用餐(一家店大概有175—200个座位)。没有哪家餐厅赶得上这样的周转速度。所以,一家克莱克连锁餐厅的年销售额达到300—400万美元,远远超过一家麦当劳的收入。如果你投资这家餐厅简直就是捡了一座金山。每天8次的餐桌周转率绝对让投资者满载而归。不管餐厅的位置在何处,新开业的每家克莱克餐厅都能保证投资人每年30%的收益。换句话说,每投资100万美元开一家新餐厅,你就能得到30万美元利润。

第十四章 渴求稳定

沃伦·巴菲特重视稳定,它能消除投资组合中的风险。研究表明,稳定的业绩会同时带来稳定上涨的股价。如果一家公司业绩保持稳定增长,它就比盈亏起伏较大的公司有更稳定的股价。不稳定的业绩是所有投资的死穴。有些公司的收入增长波动较大,比如通用、阿尔考公司、施兰姆伯格或者希尔斯。这些公司的股价就像过山车一样忽上忽下。在收入增长较快时期,它们的股票会快速上涨,但这些公司迟早不能保持这种增长,股价会相应降下来,这时投资者们就一阵风似地躲开。忽上忽下的股价只能导致一种结果:股价陷入长期低迷。

这种不平衡的增长往往让投资者分文不得。1999年末,希尔斯的股价降至30美元,这与它在1972年的股价差不多。在1999年末,通用动力的股价只比1972年的价格多15美元。施兰姆伯格在1999年初股价下跌,回落到1980年的价格。这些起落的根源都在于公司不稳定的增长,所以在这20年中股价也会起起落落。但是,这些公司却一直瞒天过海,给投资者们制造假象,好像公司一直在稳步发展。

巴菲特只选择公司业绩稳定增长的公司投资。这样他能把风险降到最低。对他来说,一家收入增长稳定保持在15%的公司,股价不会像其他公司那样摇摆不定。当然有时候,这些公司的股票市值会超过公司的真实价值,巴菲特的对策是长期持有。而当股价急剧下跌时,他就继续跟进。总之,除非公司的增长不再稳定,否则他会一直投资。

1999年上市的可口可乐是一则经典案例……经历了大萧条、战争、起伏的糖价,可口可乐走过了多事之秋。对我们来说,多花点时间和精力考虑产品能否经受住经济萧条的考验,要比整天算计该买入还是抛售要有意义的多。

对巴菲特来说,股价波动越小越好。如果波动太大,投资者往往会重新考虑这笔投资。大多数人会紧跟股价,而不去仔细考察公司的损益表和资产负债表。他们觉得股价能反映一家公司的经营状况。股价上升,说明公司有所发展;股价下跌,说明公司发展受阻。一旦股价发生较大变动,人们往往会急于抛掉。所以,选择股价波动小的股票会让投资者避免不必要的频繁交易。公司的稳定增长记录是稳定性的有力证明。巴菲特选股时,就首先观察公司净产值和公司为股东创造收益的记录。他尽量避免选入波动大的股票。最近几年,巴菲特的投资几乎没有因股价剧烈波动而遭受巨大损失。投资者们也一致认为巴菲特的股票价值超出一般投资。1998年可口可乐的波峰股价超过了它盈利率的60倍,迪斯尼和吉列的股价在1998年和1999年都超过了盈利率的40倍。这三只股票后来都经历大幅下跌,现在回想一下当时的状况,就会发现股价上的这种偏差注定让投资者失去绝大部分收益。巴菲特一般不会犯这种错误,极少会因为判断失误而买入。

然而,历史记录对我们的帮助仅此而已。要想进一步消除股价风险和价格波动的损失,还有一个重要方法,那就是去买进未来前景能准确量化和预测的公司股票。股价是企业未来收益,而非过去收益的指示。因此,投资者们的着眼点应在于公司能否在未来10年或者更长的时期内继续增长。

但是,未来并不容易预测。在现实中一家公司在10年或者15年内发生重大变化的可能性很大。人们猜不准未来经济发展状况,利率怎样变动,美元是否坚挺等等。此外,我们也不知道技术与生产力的变化如何影响目前的商业环境。今天繁荣的行业或许明天就倒闭了。就像华尔街热捧的技术股,某天投资者会突然发现原来的技术优势已经被更新的技术取代。投资者凭个人之力已不足以跟上技术变革及生产力的发展速度。如果没有认识到这一点,必然会在投资中犯错。

技术对整个社会是有益的。然而,我们想强调的是要大致掌握公司未来10年、15年甚至20年间的发展趋势。也就是说,我们希望公司在一段较长的时期内不会发生重大变动。多数情况下,变动意味着威胁而不是机会。而现在很多人对此看法恰恰相反。除了极少数之外,突然的变动不会给投资者带来丰厚回报。我们期待的是目前公司带来的丰厚回报能持续下去直到将来。

第十四章　渴求稳定

年纪大些的人一定记得 80 年代中期的事情,当时的热门股票主要出自软件和硬件公司,比如,高乐高、凯布罗、科罗纳计算机、格立德系统、魔胡克数据科技等。华尔街盛赞这些股票,称它们是计算机领域中只赚不亏的上上之选。可惜的是,梦想破灭的速度比冰块融化的还要快。这些股票在波峰时市盈率超过了 100。

到 1999 年中期,媒体曾强烈谴责巴菲特的保守,因为他当时故意回避利润颇丰的纳斯达克股票。他对技术股的怀疑态度尤其遭到人们的嘲笑。"巴菲特时代已成为历史,他属于上个世纪。"一位聊天室里的匿名者这样留言。

巴菲特却坚持立场不动摇。他认为技术虽然在美国经济中仍然占有巨大份额,但其未来仍扑朔离迷,应谨慎投资,不要盲目跟进。如果一家公司的未来不可预测,那么人们就无法估价,也就无法预测未来的收益状况。这样的公司股价可能是 200 美元,也可能是 2 美元。而真相大白之前没人敢说自己能保证这只股票物有所值。1998 年巴菲特对投资者们说:"我指一家互联网公司,问它值多少钱,要是有人告诉我一个具体的数目,那他就不及格。"

今天我们可以预测什么?

在 2000 年开始之际,投资者们持续热捧技术股,令股价飙升到令人窒息的程度。他们总是觉得,这些股票今天的高收益率和增长必定在明天重现。那么我们来做几个假设,检验一下这些股票是否如他们所坚持的那般稳定。

1. 如果雅虎和亚马逊这两只最受股民欢迎的互联网股票无法创造出高利润。作为商品分销商,在经济最景气的时期,它们的分成也占不到很大的比例。实际上,雅虎和亚马逊到 2000 年仍未产生实质利润,投资者完全可以据此断定,这些公司将来也不可能给投资者带来收益。毕竟,投资者要考虑其股票的潜在亏损。

2. 如果互联网发生技术变革,技术提供商思科被其他公司取代。思科的市值能否值盈利率的 140 倍？2000 年早期的入市投资者付出这么高的价格能否赚回收益？

3. 如果一种新型 CPU 出现并能取代英特尔的奔腾系列,成为世界主导芯片。它能迅速崛起成为主要元件制造商并使奔腾家族昔日光辉不再。

4. 如果经济衰退来临,诸如沃尔玛、家庭仓储这类零售商的利润大幅下降。到 1999 年,某些零售商的股价超过了盈利率的 40 倍,他们似乎不受经济衰退的影响。其实这些公司和其他公司一样会因为经济周期而发生变动,但投资者似乎愿意掩耳盗铃,坚信它们的高增长率能一直持续下去。

5. 如果新技术的出现使得有线及无线业务成为历史,夸尔电讯、JDS 单相、科学亚特兰大这类公司的股票会值几个钱呢？

6. 如果个人电脑成本极低可以由电话公司免费赠送,并且不需要安装操作系统。戴尔、康柏和微软怎么赚钱呢？它们能像 1999 年那样维持住 70 倍盈利率的股价吗？

这些假设能否成为现实？或许不会。但是巴菲特认为,百分之百的事情从来都不准。历史就是由一系列的技术革新串联起来的。新技术取代旧技术,并让市场发生改变。即使微软的缔造者比尔·盖茨也承认技术领域的发展速度太快,人们根本不能持久地认定一件事情。这就像盘山路,技术可以让任何线性思维的投资者摸不着头脑。1998 年,盖茨对位于西雅图的华盛顿大学管理系的学生们说:"我认为技术股的市盈率应该比可口可乐或者吉列的股票低很多,因为技术的变化实在是太快了。"

即使微软、思科、甲骨文、北电、朗讯科技等公司未来能够保持高盈利,风险还是会相伴而来,毕竟创新永无止境。巴菲特多次强调的一点是,我们

第十四章 渴求稳定

没有那种远见去预测技术未来的发展。甲骨文在 2000 年初的价格超过了盈利率 110 倍,这意味着甲骨文目前的增长率至少保持 10 年才能维持这个价格。而雅虎的天价至今仍没有任何支撑。

那么,如果公司的运营并不能维持目前股价,投资者该相信什么呢? 很多公司在数十年间不断地扩展核心业务,从未出现周期性的波动。能够如此稳定地发展,投资者就对其股票有信心,相信在随后多年会有稳定增长并带来收益。可口可乐在一百多年里始终从事出售糖浆的业务,其核心战略从未有较大改变。再过 10 年,人们会发现可口可乐的业务仍没变化,唯有一点略有不同,那就是销售和规模变得更大。

做一个假设,10 年后你要做一项投资。但是从现在到第 10 年,你都与世界隔绝。那么你需要哪些信息来帮助你做出投资决策呢? 我能知道的是某些能确定的东西,比如公司的市场份额继续增长,公司决策者没有变化,公司业绩的增幅巨大。

同样稳定的还有吉列、安胡塞·巴什公司、强生、哈里·戴维森、图希洛产业公司、温迪国际、自动数据处理、吉纳斯配件、范尼梅、威廉·汇丽以及何塞公司。确实,这些公司的股票和 1999 年最热门的技术股相比,比如夸尔电讯、全球交互公司以及 JDS 单相,对投资者吸引力不大。但是它们年复一年地给股东们带来稳定收益。无论利率如何变化,范尼梅的成功商业模式总是能保持 12%—17% 的年盈利增长率。这样的增长势头怎能不保证稳定上涨的股价? 而事实也证明了这一点,范尼梅在 90 年代是波动最小的少数大牌股票之一。

投资者们往往没有注意到麦当劳这样的公司,它的战略不会轻易改变。如果餐厅的定额表算是一种指示器,投资者们就能放心投资了。可以预计,5 年之内,每天都会有大致这个数目的顾客光临,并且大部分通过车道窗口订餐。但是,如今哪一只互联网股票能有这么稳定并有如此巨大的潜在盈利收入? 将来呢? 如果没有,凭什么雅虎的市价要比麦当劳的高? 有谁会断定思科或者升阳在 15 年后会发展成什么样？它们的业务会像今天这样兴旺吗？它们的商业模式会和今天一样成功吗？

如果这些问题都还是谜，就不要为幻想付出代价。股价应该反映公司未来为投资者带来的收益。但是这个收益不能被预测，投资者的风险就太大了。如果公司目前的市值超过市盈率 100 倍，那么这家公司就得每年保持 30%—40% 的盈利增长率，这个数据简直就不可想象。

投资者往往会走入死胡同，他们总是抱着不切实际的幻想，希望投资的黄金增长期是永恒的。实际上，很少公司能保持住高增长率。即便是微软或者沃尔玛这样的公司，其增长率近几年也有下降趋势，技术股就更难逃窠臼。有些公司的衰败速度要快得多。

现在回首 90 年代，会发现许多当时人们认为稳稳当当的事情根本就没有发生，那些都是投资者们一厢情愿的想法罢了。经济发展对原油日益增长的需求本应刺激石油股票上涨从而给投资者带来更多收益；人口膨胀及垃圾掩埋场所的缺乏本应促进废物运输行业的股票大受追捧；微型器皿和高尔夫制造者应该是财富效应的创造者；人们对医疗的需求本可以使医疗器械股票大涨……

波士顿炸鸡当时如日中天，人们都觉得它会成为餐饮业巨子。但是在其股价达到波峰值 40 美元，仅仅 18 个月后，它于 1999 年宣布破产。个人计算机零件制造商艾欧迷嘉公司和西方数据在人们看来应该可以在增长迅速的计算机业占有一席之地，但是最终它们在激烈的价格战中败下阵来。巴菲特因此这样总结：一帆风顺的业务增长可望而不可及。

每天都有人在你看不见的地方注视着你，他们暗中使劲要做的比你更好，比你价格更低，品质更好。但是真正做到的这一点的公司很少。在美国，经历了漫长而且辉煌的经济成长期后，也只有大概 400 家公司能够达到市场峰值所要求的 30 亿美元的盈利。但是看看我们的股市，有些公司竟然

第十四章 渴求稳定

一诞生就已经是 30 亿美元盈利了。你能想象出着其中的数学逻辑吗？

媒体总是拿巴菲特开涮，嘲笑他竟然放过技术股。但是这些指责似乎有失公道。巴菲特保守的做法毕竟也让他避免把钱投入波士顿炸鸡这样的失败股票中。巴菲特是错过了上涨的微软和英特尔，但他也避开了西方数据之类的灾难。这些公司只是昙花一现，没有潜力。在股市中，这种昙花一现的股票往往多于明星股。盲目投资技术股注定得到的是较差的收益。有几家公司像微软这样神奇呢？假如在 80 年代你购买了相同数量的所有计算机硬件公司的股票，到 20 世纪末你只能期望不要亏的太多。你从苹果电脑、康博等几只股票中得到的收益仅仅弥补了其他股票的亏损。

由于未来不确定，一个 80 年代中期的投资者不得不在股票的海洋中精挑细选期待选到"赢家"，不幸的是，大部分人没那么幸运。

第十五章

投资二选一：股票 VS 证券

投资经理兼作家杰拉尔德·罗布说，对付通货膨胀最差劲的办法就是以膨胀的价格购买资产作为"想象的保值"。如果你算不出通货膨胀的损失或者未来购买力的变动，看来不错的资产也会让你最终倒贴钱。作为投资者，你首先得保证不亏本，即你的投资至少能补偿资产的自然贬值。此外，投资也应获得类似资产在类似风险下大致相同情况的潜在收益率。

这是积累财富最重要的方式。如果你的资产收益不足以抵消通货膨胀和自然贬值带来的损失，那么你的生活水准就会下降。选择增值率高于自然贬值率的投资组合至关重要。实际上，人们投资的主要理由就是要保证资产的净值不受通货膨胀的侵蚀。

以前，人们一直认为通货膨胀更有利于投资者，因为公司可以据此提高股价并展示出光彩的营业利润、盈利率和股票收益记录。如今，人们更多的认为通货膨胀发挥的作用正好相反，它不仅降低了公司收益的账面价值，而且使投资股票的吸引力大大低于投资债券。巴菲特在1997年为《财富》杂志写了这么一段话：

第十五章 投资二选一：股票 VS 证券

算一下就我们就明白了，通货膨胀和我们的立法机构制定的税收相比更让人难以承受。它可以轻而易举地把你的资本吞并。假设一个人有笔存款，年利率5%，现在有两种情形。第一种，零通货膨胀，她为利息收入支付了100%的个人所得税；第二种，通货膨胀率为5%，她不需支付任何个人所得税。无论是哪种情况，她实际上都被课了税，最终结果都一样——没有得到实际收入。

巴菲特把通货膨胀看作一种强势的经济力量而且难以消除。有时候通货膨胀不会兴风作浪，就像90年代后期，它能蛰伏数年。但是一旦开始，就不会轻易收手。只要政府还有能力调控经济运行，注入通货或者使通货贬值，投资者就要时刻保持警惕。政治家们有时候会为了自身利益采取某些财政措施来提高物价。巴菲特曾开玩笑说：“这就像处女膜一样，稳定的价格可以维持，但不能恢复原样。”

这些都极大影响着股票的价格。最近的一次通胀发生在1994年，它导致股价在数月内持续下跌。到年底，经过大概11个月的侧身交易，许多投资者开始抽回资金并把钱投到债券上。一年前，以市盈率20倍价格交易的股票如今只是市盈率的8—9倍。

物价上涨和美联储的加息政策联手导致了1987年股市大崩盘。由于巨大的贸易逆差，一天内的跌幅将近508点。崩盘之前，利率开始上调，分析家们不得不重新预测。物价上涨也是70年代熊市绵延许久的祸首之一。当时许多大牌公司落马，当它们的市盈率在股市上被炒到数十倍的时候谁能料到这一天呢！

通货膨胀越久，债券收益就日益上升，此时股票的市盈率就趋于下降。如果通货膨胀率下降，债券收益也下降，股票的价格就上涨。股票、通货膨胀和债券之间相互关联，不容忽视。长期以来，在相同的经济形势下，股票和债券的价格会保持一致。股票和债券之间的区别在于票息，即每笔投资的预期年度收益。债券投资者对票息这个概念不陌生，它指发行机构（公司或者政府）保证每年按票面价值的百分比向投资者支付的金额。如果某机构发行面值 1000 美元息票率为 6.5% 的债券,这意味着该机构在债券有效期内每年向债券持有者支付 65 美元票息。在有效期内,无论该债券如何转手,其年 65 美元的票息固定不变。

因为每年的票息不变,所以债券的价值由以下三点决定:

1. 债券有效期内的通货膨胀率。
2. 同期政府债券的普遍收益。
3. 债券持有者基于发行机构财政状况而要求的风险溢价。

如果债券投资者预测每年通货膨胀率为 4%,那么只有保证 4% 的最低收益率,他们才有可能购买债券。否则,这就是一笔不值得的投资。

普通股票的票息来自公司创造的年利润。无论公司每年获利多少,法律规定这些都属于股东所有。然而,事实上,很多公司保留了部分利润,把它们用于再投资,以期获得更高的利润。所以,债券在有效期内产生票息,股票可以带来盈利。在巴菲特看来,这两者的区别正在于此。当然,无论选择股票还是债券,投资者的目的是一致的:寻找投资,保证其年收益能够补偿通货膨胀的损失。但是,投资者特别想寻求的是盈利率可以超过无风险的政府债券的股票。这样的股票不仅仅能使投资者挽回通货膨胀带来的损失,还可以补偿票息不确定的投资风险。毕竟债券能固定支付收益,而公司却不能保证每年的利润相同。

我们做一个比较。一个为期 30 年的政府债券年息为 6%;一家每股收益为 1 美元的公司。当公司股价为 16.67 美元时才能获得和债券一样的收益。假如公司经营上有风险,理论上只有股价低于 16.67 美元时才能获得这个收益。假设股价为 12 美元,那么每股 1 美元的收益即 8.33% 的收益率,股价为 14 美元时,收益率为 7.14%。

只要这家公司每年为股东创造每股 1 美元的收益,盈利率、政府债券和股价之间的关系就不变。政府债券收益上升时,股票的收益也会上升,即股价下降以保持与债券有同等收益。如果政府债券收益下降,那么股价一般会涨,结果相同。

股票—票息难以预测的债券

巴菲特说,我们可以把股票想象为债券,即一种浮动证券,年收益不太固定。债券的年收益是确定的,最终收益在买入的时候就已经确定了。而公司股票收益只能预测。巴菲特告诫大家,如果要买一只股票,那就要确保公司的盈利率:

1. 超过通货膨胀率
2. 超过政府债券的收益率(其定价往往反映通胀率)
3. 长期内持续上涨

最后一点最重要。你要尽力提高投资收益率,购买盈利率能不断上涨的公司股票就能达到这一目标。当公司盈利上涨时,投资收益就相应提高,股价也会逐渐上涨。举个例子,一家公司的每股盈利为 1 美元,市值 20 美元,盈利增长速度为 25%。表 15.1 显示了收益率如何增长。

表 15.1 股价为 20 美元的收益率

年份	每股盈利	20 美元价格的收益率
2000	$1.00	5.0%
2001	1.25	6.3%
2002	1.56	7.8%
2003	1.95	9.8%
2004	2.44	12.2%
2005	3.05	15.3%
2009	3.81	19.1%
2007	4.77	23.9%
2008	5.96	29.8%
2009	7.45	37.3%
2010	9.31	46.6%

到 2010 年,公司盈利的增长带动你的投资收益率达到 46.6%,这个水平的收益完全可以弥补通货膨胀的损失并超过债券的收益。2000 年购买年息 5% 的债券,到 2010 年你的收益还是 5%。如果这期间利率不变,债券价格一般不会变。但是股票价值可能大幅上涨。如果市场对该公司的股票始终定在 20 倍盈利率的价位,那么到 2010 年每股市值为 186.20 美元,这是当初 20 美元投资的 831%。

令人惊喜的还在后面,如果以下两种情况发生其一,投资者的收益还能进一步提高。一,盈利增长率超过 25%;二,股票价格下降到 20 美元。无论哪种情况都会带来更高的票息收入。在这两种情形下,人们可以大胆断言,公司的长期收益率会超过第一年以及以后年份的通货膨胀率。在这么诱人的机会面前,巴菲特会毫不犹豫的选择股票而不是债券。但是,还是要密切关注股价的变化。事实上,随着股价的上涨,票息收入会下降,潜在收益也就没那么有吸引力了。

假设股票的市价是 40 美元而非 20 美元,每年的票息收入就只是原来的一半。那么,股票在几年之内的收益就不太可能超过债券收益。如果债券年息为 6%,这只股票在 2005 年之前的收益不会轻易超过债券收益。你得等上 5 年,才可能让股票的收益超过债券。如表 15.2 所示:

15.2 股价为 40 美元的收益率

年份	每股盈利	40 美元价格的收益率
2000	$1.00	2.5%
2001	1.25	3.1%
2002	1.56	3.9%
2003	1.95	4.9%
2004	2.44	6.1%
2005	3.05	7.6%
2009	3.81	9.5%
2007	4.77	11.9%
2008	5.96	14.9%
2009	7.45	18.6%
2010	9.31	23.3%

有一点要注意,这种收益率的基础是每年25%的年盈利增长率。如果公司无法维持这样的高速增长率,收益率的假设就不成立。此外,利率可能会上升,从而让公司的盈利记录大打折扣。这时的买入价就会相对过高了。最终的收益就会差强人意。在巴菲特看来,这一失误源于过窄的安全空间。

可以肯定的是,只要年盈利持续增长,公司就能提供比债券投资更好的收益,股票收益最终会超过债券收益。如果投资者能长期持有这样的股票,收益会远远胜出债券收益,实现最初的投资目标。但是如果要让成功投资更保险,还要对公司的盈利趋势给予密切关注,一如关心股价。

股票 vs 债券:6 条准则

在我的上一本书《代售的华尔街》中,我提供了一系列的规则,让投资者把债券和股票放在适当的关系中进行比较。因为这种关系是理解巴菲特思想的关键因素,我特意做了如下总结:

1. 股票投资者的目标是寻找收益率超过通货膨胀率的公司。2000 年的市场发展状况表明股票总能有补偿通货膨胀损失的办法。

2. 第二个目标是使收益超过无风险的政府债券收益(政府债券往往按照预期通货膨胀率来定价)。如果所选股票的收益不能超过债权收益,那就应该选择债券投资者。

3. 通过比较票息,确定股票还是债券会带来更高收益。评价债券时要看"票息",而评价股票要看公司未来的年盈利。

4. 尽量购买当前盈利率(即当前盈利除以价格)接近或超过长期债券收益率的股票。当利率为6%时,股票收益率应该接近6%,即股票的市盈率等于或者低于17。当利率为8%时,应买入定价在12.5 倍的市盈率或更低的公司。

5. 例外的情况是,虽然目前盈利低于债券收益,但是公司的增长趋势明显,预期盈利率会超过债券收益。一个高的增长率可以补偿较低的盈利率,但是公司在近几年内的盈利率和债券相比仍占优势。如果投资者要等5年甚至更久才能获得比债券收益更高的盈利率,那这次投资就是一次失误。

6. 以最低的价格购买成长型股票,才能保证股票收益大幅超过债券收益。投资者应充分利用盈利增长的复利效应,这会使初始投资持续增长。

巴菲特主要投资项目的盈利率

分析家们推测巴菲特是在细致研究公司财务报告后才决定选择某只股票。但实际上,他最关心的是不断增长且能超越债券收益的股票票息。表15.3显示了80年代和90年代巴菲特所投资的项目票息收益。通过观察,我们不难理解巴菲特坚持长期持有某些消费型股票的原因。他投资的每只股票都能确保为他带来远超过债券收益的票息收入,他当然不会轻易放弃。尽管他的某些股票近期表现不尽如人意,巴菲特还是难以割舍这些曾经给他带来巨额收益的股票。如果卖掉这些股票,巴菲特不得不投资于其他公司,而其他公司的票息收入往往都以较低价格起步。

表15.3比较了伯克夏·哈撒韦在90年代几只股票的盈利率。为便于计算,在此假定投资者从1990年1月1日买入,并持有这些股票至1999年末。作为股票的唯一所有者,公司每年创造的净收益都会归他所有。表15.3还显示了价格如何影响盈利率。如果在1990年以15倍于净收益的价格购买了美国运通的股票,到1999年末公司盈利率将达到48.8%,即这家公司为投资者带来的收益占他原始投资的48.8%。

如果以20倍于净收益的价格购买美国运通的股票,到1999年末投资者获益36.6%。这些数字足以说明,像巴菲特这样的投资者在10年后多么不情愿放弃美国运通的股票。让人放弃年收益为48.8%的股票确实很困难。而作为投资者,在美国运通仍有能力进一步增长的时候,卖掉这些股票就是一个决策失误。

第十五章　投资二选一：股票 VS 证券

表 15.3　伯克夏·哈撒韦某些持股的收益率

	1990	1991	1992	1993 买入价	1994	1995	1996	1997	1998	1999
美国运通	$338	$789	$436	$1,478	$1,413	$1,564	$1,901	$1,991	$2,141	$2,475
可口可乐	1,382	1,618	1,884	2,188	2,554	2,986	3,492	4,129	3,533	2,431
联邦住房信贷抵押公司	414	555	622	786	1,027	1,091	1,258	1,395	1,700	2,218
	807	1,173	1,455	1,649	2,042	2,141	2,156	2,754	3,069	3,444
甘内特公司	377	302	346	398	465	477	943	713	783	958
吉列	368	427	513	427	698	824	949	1,427	1,428	1,260
华盛顿邮报	175	119	128	154	170	190	221	282	223	226
威尔斯·法高	281	399	518	654	800	956	1,154	1,351	1,950	3,747
1990 年以 15 倍于净收益的价格买入										
美国运通	$5,070	15.6%	8.6%	29.2%	27.9%	30.8%	37.5%	39.3%	42.2%	48.8%
可口可乐	$20,730	7.8%	9.1%	10.6%	12.3%	14.4%	16.8%	19.9%	17.0%	11.7%
联邦住房信贷抵押公司	$6,210	8.9%	10.0%	12.7%	16.5%	17.6%	20.3%	22.5%	27.4%	35.7%
	$12,105	9.7%	12.0%	13.6%	16.9%	17.7%	17.8%	22.8%	25.4%	28.5%
甘内特公司	$5,655	5.3%	6.1%	7.0%	8.2%	8.4%	16.7%	12.6%	13.8%	16.9%
吉列	$5,520	7.7%	9.3%	7.7%	12.6%	14.9%	17.2%	25.9%	25.9%	22.8%
华盛顿邮报	$2,625	4.5%	4.9%	5.9%	6.5%	7.2%	8.4%	10.7%	8.5%	8.6%
威尔斯·法高	$4,215	9.5%	12.3%	15.5%	19.0%	22.7%	27.4%	32.1%	46.3%	88.9%
1990 年以 20 倍于净收益人的价格买入										
美国运通	$6,670	11.7%	6.4%	21.9%	20.9%	23.1%	28.1%	29.5%	31.7%	36.6%
可口可乐	$27,640	5.9%	6.8%	7.9%	9.2%	10.8%	12.6%	14.9%	12.8%	8.8%
联邦住房信贷抵押公司	$8,280	6.7%	7.5%	9.5%	12.4%	13.2%	15.2%	16.8%	20.5%	26.8%
	$16,140	7.3%	9.0%	10.2%	12.7%	13.3%	13.4%	17.1%	19.0%	21.3%
甘内特公司	$7,540	4.0%	4.6%	5.3%	6.2%	6.3%	12.5%	9.5%	10.4%	12.7%
吉列	$7,360	5.8%	7.0%	5.8%	9.5%	11.2%	12.9%	19.4%	19.4%	17.1%
华盛顿邮报	$3,500	3.4%	3.7%	4.4%	4.9%	5.4%	6.3%	8.1%	6.4%	6.5%
威尔斯·法高	$5,620	7.1%	9.2%	11.6%	14.2%	17.0%	20.5%	24.0%	34.7%	66.7%

威尔斯·法高 1999 年的数据包含超过 10 亿美元的风险资本收益

何时债券胜于股票?

上述例子表明,投资者可以确定某只股票的潜在收益是否会胜过债券收益。当股票的收益率超过债券收益时,股票的吸引力最大。反之,当债券收益超过股票收益时,债券的吸引力大。举个例子,到1999年末,一个30年期的政府债券收益大约为6.3%,但标准—普尔500企业的平均市盈率为30,即收益率为3.3%。假定公司2000年和2001年盈利以正常速度增长,债券的收益仍然要高一些。所以巴菲特在1999年没有投资新上市的股票。当时的股票收益要超过债券,需要利率降低同时公司的盈利增长。

去访问德意志证券银行首席经济学家爱德华·雅德尼 Edward Yardeni 的个人网站,我们就能大致了解债券和股票的关系。雅德尼通过它们的关系来确定股票当前被高估还是低估。他首先把10年期政府债券的当前收益同标准—普尔500企业的盈利率进行比较。如图15.1所示,20年来,这两者之间确实有一种直接密切的联系。债券收益下降的同时股票收益也会下降(市盈率上升),反之亦然。如果两者的收益差距过大,市场就出现问题了。雅德尼模型展示了1999年末股票市场普遍被高估的状况。

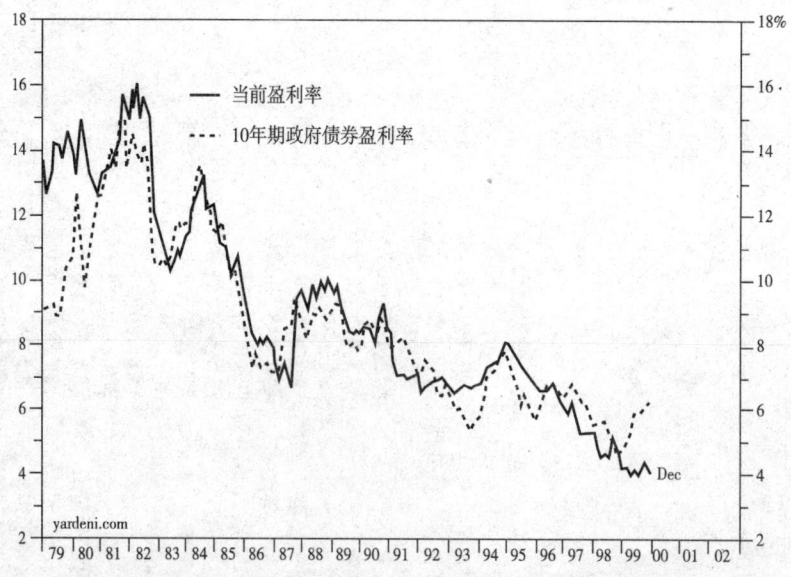

* I/B/E/S consensus estimates of earnings over the coming 12 months divided by S&P 500 Index.

第十五章 投资二选一：股票 VS 证券

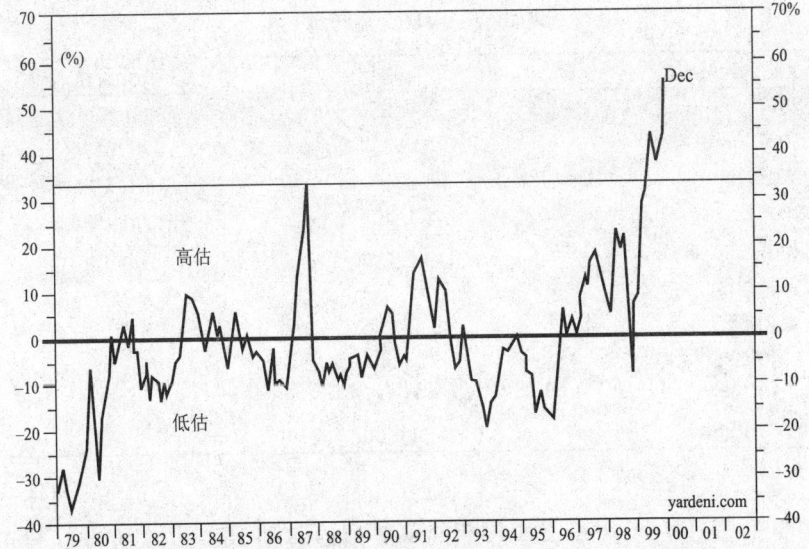

* Ratio of S&P 500 Index to I/B/E/S consensus estimates of earnings over the coming 12 months divided by the 10-year US Treasury bond yield minus 100.

图 15.1 雅德尼股票定价模型

还有一种方式来表示两者的关系。把股票盈利增长和债券收益进行比较，也能估计公司股票收益是否能超过债券收益。例如，甲骨文在 2000 年春季市值为每股 82 美元，即盈利率的 160 倍。但分析家却预测甲骨文今后 5 年内的盈利增长率仅为 30%，所以股价将超过预期增长率 5 倍。这些数据会告诉投资者甲骨文股票能够否在今后超过债券收益。

假设投资者有两个选择。购买 82 美元的甲骨文股票或者购买 82 美元复利收益率为 5.5% 的美国债券。投资者会如何选择？如果购买国债，每年年末更新债券，5 年后 82 美元的投资升值到 107.17 美元。所以，甲骨文股票只有在 5 年后市值达到 107.17 美元才能超过债券收益。这个数字看起来并不是高不可攀，但是甲骨文却不可能轻易达到这个目标。到第 5 年末，甲骨文每股盈利率只有 1.86 美元（5 年内的盈利分别是 0.65 美元、0.85 美元、1.10 美元、1.43 美元、1.86 美元）。

表 15.4　甲骨文盈利率一览

年　份	每股盈利	82 美元价格收益
2001	$0.65	0.8%
2002	$0.85	1.0%
2003	$1.10	1.3%
2004	$1.43	1.7%
2005	$1.86	2.3%
每股盈利		
30 EPS	$55.80	
40 EPS	$74.40	
50 EPS	$93.00	
60 EPS	$111.60	

前面已经提到，甲骨文 5 年后的每股市值达到 107.17 美元才能超过国债收益。这个数字意味着其市值在 2005 年达到盈利率的 58 倍才能和国债的收益持平。这就容易出问题了。甲骨文股票要超越债券收益，在这 5 年内其股价就必须被高估。为了得到预期收益，投资者必定期望不断有人追捧这只股票，从而不断抬高股价。

在第 1 年内，107.17 美元的价格还是有望实现的。但是到第 5 年，甲骨文的股价必定经历下跌，谁见过哪只股票一直维持这么高的市盈率呢？如果甲骨文能维持住这个高市盈率，那么投资者的买入价就必定低于 82 美元，以免承担过高的下跌风险。如果 5 年后市场对甲骨文的定价为 30 倍市盈率，那时的股价只能达到 55.80 美元。甲骨文的收益不仅没有超过国债，还会吞噬投资者 32% 的股本。

第十六章

规避损失的好处

追寻巴菲特的投资历程，可以发现他的成功有迹可循。任何一个人，具备一定的耐心，懂一些数学知识并能够不厌其烦地甄别股票，他就能取得和巴菲特同样的成就。实际上，如果把巴菲特的整个职业生涯分成几部分，以我们目前掌握的金融知识来评判，他在每一步只是取得了最基础的成就。

巴菲特从不对自己的成就讳莫如深。他承认自己有一定的数学天赋，头脑灵活，往往能捕捉到别人忽视的信息，但他的投资原理浅显易懂，略有财务知识的人就能领会。但还是有一些难以辨认的股票。比如，交易价格只是资产负债表账面价值一半的那种，或者能给投资者带来50%年回报率的那些，还有以几倍盈利的价格交易的可口可乐的股票，甚至使投资翻番的股票期权。这些股票就像吉拉维亚山顶涌出的火山岩一样奔腾着来到地面，在华尔街等待着慧眼识英的投资者选中它们。

如果没有看错，每一位伟大投资者的动机、策略和成就在分析中都透明的像水晶一样。在历史的数据库里，比较彼得·林奇Peter Lynch管理麦哲伦基金的那些年里取得的成就并不会像当年那样看起来辉煌。他所买卖的都是一些普通的股票，甚至和你买卖的股票一样。那么林奇的巨大成就怎么得来的？

我们往往忽略这样一个事实。像巴菲特和林奇这样的投资者,他们在过去 10 多年中做了上千个关键性决定。有些决定在匆忙中做出,但是大部分决定是正确的。人们总想探究巴菲特致富的捷径,津津乐道于他从 100 美元起家,最终积累 300 亿美元财富的故事,反而忽略了他从卑微到伟大这一路的那些重大转折。正是这些转折点成就了巴菲特的传奇人生。"如果巴菲特和其他人看到的东西都一样,那他就不会如此成功了"。《福布斯》杂志撰文。

一个普通投资者或许能保证自己的投资组合在股市繁荣期获得 10%—12% 的年回报率,业绩平平。同样的投资者,如果关注的是巴菲特投资的股票:可口可乐、吉列、大都会、威尔斯·法高等等,他就有希望每年多得几个百分点的回报率。如果他能长期持有这些股票,就能获得超出市场平均水平的收益率。精明的投资者,如果能关注巴菲特选定的股票,而且在股价最低时买入,那么回报率还会有增长。但是,即便你这么做,可能还是赶不上巴菲特在 50 年代到 90 年代取得的 33% 的回报率。

规避损失的动力之源

巴菲特认为成功投资的精髓在于:
第一条:不要亏钱
第二条:谨记第一条

亏损往往基于 3 个原因:
1. 投资者选择风险较高的股票,从而极有可能损失
2. 投资者抵不住通货膨胀和利息率变动的侵蚀
3. 投资者没有长期持有,未充分认识股票的内在价值

投资者避免阶段性损失的方法不多,最好的办法就是把所有的资产投资于债券,持有它们一直到期满。当然,由于通货膨胀会影响债券的收益,而且利息率上升也会导致债券内在价值降低,年度息票可能无法完全弥补

第十六章 规避损失的好处

通货膨胀的损失。

为了减轻损失,投资者必须尽量少犯错误。在投资中犯错越少,长期回报就越高。计算结果已经告诉我们年收益率增加几个百分点就能获得丰厚的额外回报。如果超过平均11%收益率两个百分点,这两个点就是成千上万美元的额外利润。

如果能规避资金损失,也会有同样的额外收益。即使投资者只亏损一年,他持有的证券最终价值也会有所减损。不得不说,投资者要浪费大量宝贵时间去弥补损失产生的源头。同时,损失还会影响复利的作用。

举个例子,现在有3组投资组合A、B、C,在30年内,每组的年平均收益率为10%。但是B组合在第10年,第20年和第30年的收益为0%。C组合在第10年,第20年和第30年损益率为10%。那么,A组合的1万美元30年后会变成17.449万美元。因为有3年的收益率在平均水平之下,B组合的回报少一些,是13.11万美元。B组合本身没有资金损失,但是有3年收益率为0,其收益将远远落后于A组合。所以,长期看来,由于投资者每年都在设法规避损失,B组合的回报并不太差。

表16.1 规避损失的成效

A 组合			B 组合			C 组合		
年份	收益	资产组合	年份	收益	资产组合	年份	收益	资产组合
		$10,000			$10,000			$10,000
1	10%	$11,000	1	10%	$11,000	1	10%	$11,000
2	10%	$12,100	2	10%	$12,100	2	10%	$12,100
3	10%	$13,310	3	10%	$13,310	3	10%	$13,310
4	10%	$14,641	4	10%	$14,641	4	10%	$14,641
5	10%	$16,105	5	10%	$16,105	5	10%	$16,105
10	10%	$25,937	10	0%	$23,579	10	−10%	$21,222
15	10%	$41,772	15	10%	$37,975	15	10%	$34,177
20	10%	$67,275	20	0%	$55,599	20	−10%	$45,035
25	10%	$108,347	25	10%	$89,543	25	10%	$72,530
30	10%	**$174,494**	30	0%	**$131,100**	30	−10%	**$95,572**

A 组合每年获益 10%
B 组合第 10、20、30 年收益为 0
C 组合第 10、20、30 年损失为 10%

C 组合有 3 年损失了 10%，这三年损失最终使得投资组合 C 的价值减少了 7.9 万美元。复利在此没有增益投资反而增加了损失。第 10 年的实际损失为 2357 美元，第 20 年为 5004 美元，第 30 年也仅有 10619 美元。但是 30 年的复利效应作用下，这笔损失就变成了 7.9 万美元。

输家的游戏

令人惋惜的事实是，与投资者债券、期权、期货和商品的投资者一样，频繁交易经常令投资者损失。研究表明，长期回报与投资者持股时间及股票买入价紧密相关。频繁交易而且不考虑基本的交易风险给投资者带来沉重束缚，最终导致短线投资业绩不佳。这些人想在"零和"游戏中胜出，但一旦进入游戏，他们能控制局面的概率微乎其微。交易一段时期后，人们发现他们的获利和损失基本持衡，此外，还需要缴纳一部分税并支付佣金给证券经纪人。

分析家兼作家查尔斯·埃利斯 Charles Ellis，在《财务分析》杂志上发表过一篇文章，称投资为"输家的游戏"。他预言投资，尤其是机构投资只是一场短时间的比赛。在这场比赛中，成千上万的人参与进来，他们争先恐后的扑向股票。当一场游戏的参加者都从相同的思维出发，就会犯"非强迫的错误"（网球用语）。

埃利斯用一个公式来表达这一论断，公示显示了那些追求超过市场平均收益的努力如何只能带来更低的收益。为了超过市场平均水平，基金管理者们要先击败竞争对手，而这逼得他们进行频繁交易。最终，他们必定损失重大，惨淡收场。

埃利斯总结说，大多数成功的投资者不一定智慧超群或者有百万预算经费任意支配。他们也不是比赛中的黑马，能出人意料地每股获益 1000 美元。事实上,他们就是那些在投资者生涯中犯错最少的人。

积极的投资者往往基于两个假设期冀非凡的业绩:

1、股票市场的流动性是优势
2、机构投资是胜利者的游戏

我的论点却与此不甚相同,或许会令人感到不悦。我认为:过去10年的变化已经让这两个假设无效。如今,市场的流动性是一种债务而非资产,并且长期看来,机构投资者的业绩平平,资金管理变成了输家的游戏。

高尔夫运动就是这种游戏的典型代表。高尔夫球手协会锦标赛的获胜者很可能不是那个击球最远的人,也不是那个轻击棒最好的人,甚至不是最先完成比赛的人。获胜者是在4轮比赛中犯错最少的那位。这就是高尔夫与其他接触性运动,比如足球,曲棍球等的显著区别。在那些比赛中,包括网球比赛,结果是由胜利者决定的。这个人在技术和肌肉力量的综合实力上超过了对手从而获得最高得分。

而高尔夫比赛中,输家的行为决定了结果。"老虎"伍兹之所以夺冠,在于他的竞争对手犯错更多。有些人甚至没能和伍兹有同场竞技的机会。伍兹的正常水平是击中10个球,如果他的64名对手中有一人少犯一次错误,击中11个球,那么伍兹就与冠军无缘了。比赛结果并不是伍兹所能左右的,他依靠对手的失误来保住冠军。保龄球与此类似。每个保龄球选手都从300分开始,未被击中的球越多,他失分越多。最终输家决定了谁是胜利者。

如果投资者理解这种输家的游戏规则,他就已经成功了关键的一步。巴菲特之所以在金融投资界叱咤风云,就是因为在40多年的投资生涯里,他犯错最少。他坦言自己最常犯的错误是"拖拉",这曾让他错过购买许多潜力股的机会并失去良机卖出股票。虽然这两种后果并未让巴菲特损失资金,但良机不再,也令人惋惜。

我对1000名投资者做过一份调查,问他们赖以成功的5个原则,他们这样回答:

原则1:长期考察股票

原则2:持续追加资本以增加复利的作用

原则3:不要热衷于时机

原则4:长期持有熟知的公司的股票

原则5:投资多样化

我可以大胆地说,几乎没人想到巴菲特的原则是什么。他说成功的最基本一点是:不要损失资本。可叹的是,自1987年以来,一些投资者看惯了主要指数股的大规模反弹,压根不相信资本会受损。近几年中,一些公司的调查表明,大多数个人投资者依然坚信共同基金不会让他们损失资本,市场还有10%的跌幅空间。还有一些投资者认定损失只是暂时的,未来会有巨大的收益。另外一些投资者,出于心理因素,违背原则来规避损失。荒唐的是,他们通过抓阄来做决定,以减轻损失带来的心理失落。

规避损失实则为投资者长期获益的基石。包括巴菲特在内的投资者可能也难免某只股票的阶段性损失。即使投资者的买入价位足够低,偶然性的错误也会出现。巴菲特和其他投资者的不同之处是,他能避免所有投资组合的年度损失。

投资多样化并不能保护资本完全不受损失。多样化投资只能把风险最小化,从而保持损益平衡。即使投资者持有100中股票,他也逃不脱市场风险。当整个市场萎靡不振时,所有的股票都会下跌。

大多数投资者把市场看作规避风险的港湾。当股票跌到平衡点以下时,他们不顾这只股票的基础如何,就开始抛售。90年代时,《投资者商业时报》大肆鼓吹一种投资策略,即无论市场条件如何,投资者应该卖掉任何一只跌幅超过8%且低于购买价的股票。市场调整者也依据这一原则。人们

第十六章 规避损失的好处

都跟着单一股票的发展趋势行动,只要市场有风吹草动显示不利因素,他们就迅速抽身。

这些策略实际上是一种赌博,成功几率很小。持股时间太短。还有些投资者握住手中的垃圾股不放,持有多年,直到大幅反弹出现。但是,只有在市场最终能如你所愿出现反弹,投资者才能赢回利润。巴菲特从不指望投资者和商人能给他带来收益。他把市场排除在外,只要能保证自己得到预期回报,即使市场处于衰退时期,他也坚决不退出。

第17章和18章将详细介绍巴菲特规避损失的策略。

第十七章

规避损失 2
市场时机，可兑换证券及选择

密切关注市场动向，及时调整

巴菲特不厌其烦地告诫人们，不要太在意股票市场的日常波动。对他来说，道琼斯工业指数一天内即使上升或下降了 300 点，也没什么大不了。他不关心利息率当天的升降，也不关心他的投资组合价值当天的升降。他说："市场只是一个参考，能检验一个人是否作了一次愚蠢的投资，人们买的不仅仅是股票，而是做一项事业"。

无论他是偶尔为之，还是深思熟虑后的决定，巴菲特当之无愧为历史上最机敏的市场调节者。他能敏锐地觉察到市场的陷阱，也能在大家公认的危机中发现希望。这一本领把巴菲特和其他投资者区别开来。那些富于传奇色彩的市场调节者，比如乔治·索罗斯 George Soros 或者迈克尔·斯坦德 Michael Steinhardt，也难以达到他的高度。正是这一本领使得巴菲特的投资组合免受年度损失。人们早就了解巴菲特善于发掘成长股的能力，但很少人

第十七章　规避损失 2

知道他成功的另外一个看家本领：分析市场条件并从中获益。如果巴菲特在谈论市场，你就得仔细听了。

他调节市场的方式和维恩·格雷茨基 Wayne Gretzsky 打曲棍球的方法如出一辙：不是盯着球不动的位置，而是看球运动的方向。20 世纪杰出的投资者们似乎都有种本能去发现被低估的股票。他们深谋远虑，即使在经济衰退时，也能看出复苏的先兆。而在经济高涨期，他们又能预料到危机并妥善安排投资。即使华尔街并不看好某只股票或行业，他们已经探寻到行业发展的催化剂。所以，他们不会坐等经济高潮过去再开始行动，而是先人一步卖掉股票。

巴菲特说自己的成功在于将买入的股票全部卖出。其实，卖出时机才是关键。就如他做出正确决定，买入并持有可口可乐、吉列的股票一样，巴菲特在职业生涯中至少有 4 次预测准确把握了时机，为他带来丰厚回报。

时机预测 1：在 70 年代初熊市之前卖掉股票

从 1968 年起，巴菲特就开始担忧股票价格。据说，在 60 年代股市形势一片大好的时候，巴菲特就预料到危机将会来临。由于找不到价格公道且有增长潜力的股票，巴菲特于 1969 年关闭了合伙投资公司，承认自己这种勤勤恳恳地通过市场调查选股的方式已经不适应充斥短线投资的市场了。他在信中写给合伙人说："这场游戏的参与者都在自欺欺人，无所顾忌地炒高股价，创造出大量泡沫。"

"如果这时期的股票市场和商业发展被写进历史，会警示人们。这些狂热的现象将成为案例被人们分析。"巴菲特难以接受如此离谱的高价，也不能接受价值投资经理们无力在短线投资海洋里取得进展的现实，他感到沮丧失望。于是他清理了账目，把资金全部投入伯克夏·哈撒韦的股票中，在将近 5 年时间里没有进行投资业务。他以局外人的身份经历了美国自 1929 年大危机以来最残酷的熊市。

时机预测 2：1974 年继续前行

在市场达到顶点 5 年之后，大部分美国人才认清股票市场的状况。一般投资组合的价值跌幅已经达到 40% 甚至更多。在 1973—1974 年的股市滑坡中，投资者们手里持有大量的蓝筹股，比如施乐、迪斯尼、IBM、通用汽车等，他们眼睁睁地看着自己的投资组合下跌 60% 还多。被套牢的投资者惶惶不可终日，疯狂抛售。一些散户竭力保有股票，等待市场价格反弹。但是最终还是失望。变换的市场令他们疲惫不堪，最终放弃坚持。在跌幅达 50% 后，他们卖出了股票。其他人看到市场每天都在下跌，也赶紧加入到抛售的行列，这样原本有序的市场陷入了恶性循环管：抛盘导致更多的抛盘。

到 1974 年底，几乎没有投资者有胆量进入股市。但是，巴菲特在沉寂 5 年后看到了时机。他义无反顾地把手里的资金投入到普遍不看好的股票上，他认为这些股票会有更高的价值。事实证明，任何在 1974 年进入股市的投资者，在 2 年之内获得了不低于 74% 的回报率。

时机预测 3：抓住 80 年代的机会

到 1979 年，道琼斯工业指数还没超过 1964 年的水平。也就是说，15 年来这一数字没有任何增长。悲观的情绪在弥漫，人们开始把投资转向债券、房地产和贵金属。经济人感到了压力，他们越来越难推销出股票，即使这只股票的收益率达到 15%。当时的投资战略师们预言市场上的陷阱多于机遇，并规劝投资者们购买债券。然而巴菲特观点迥异。他认为，高质量的蓝筹股已经基本售罄。尽管美国经济前景良好，有些股票的售价依然低于账面价值。公司的回报也在稳定增长,蓝筹股的盈利率回升尤其迅速,保持着两位数的增速。60年代末期的市场投机行为也已销声匿迹。

"以目前的股价买入,长期持有,可以获得高于债券收益的回报"。巴菲特告诉股东们:"但是资金管理者们不得不听命于合伙人的鼓动,把钱大量投入债券。同时,只购入少量股票。"巴菲特的评论从来都是一针见血。他这番话刚出口,股票市场的年回报率就达到了17.2%,而同期债券市场的回报率仅为9.6%。

时机预测4:规避1987年危机

80年代中期,巴菲特的选股及长期持有理论为大多数投资者效仿。他把资金基本投入了最喜欢的3家公司,Geico、华盛顿邮报和大都会/ABC(后来与迪斯尼合并)并长期持有。他对其他公司的股票并没有如此青睐。在伯克夏·哈撒韦1986年的年会上,巴菲特惋惜地说,自己找不到低价位的成长股。这时,他宁愿保有目前的红利并减少投资量,也不去做短线投资而降低自己投资组合的价值。

"1987年危机发生前的5个月,他告诉股东们:"在今天的市场上,我还是没找到合适的股票。当前没有合适的投资去做。即使当前股价下跌10%,也不值得投入。"

现在回顾他这段话,很显然,下跌10%的预计也是保守的。就在此番表白5个月后,股票市场一日之内下跌了30%。他在危机前就开始逐步减少投资,从而保证伯克夏的投资组合没有对公司账面价值造成太大的不利影响。如表17.1所示,巴菲特雄心勃勃地进入了80年代这个严重被低估的市场。市场上扬期,巴菲特的保守让他获益最多。到1987年,他只持有3家公司的股票,而当下一个十年开始时,巴菲特已经拥有了18家公司的大部分股票。

其实,巴菲特和常人一样,没有什么万能魔法来检验股票市场什么时候被低估或被高估。观察他以往的决策,可以看出他的决定是建立在常识基础上的。

股票收益和债券收益之间的关系。

在第 15 章的内容提到巴菲特青睐那些长期收益超过债券的股票。一般说来,当债券收益逐步上升,甚至超过股票收益时,市场就被高估了。当股票收益下降到某一点,但其收益仍高于债券,这就是最佳买入时机。

市场的上扬速度。

历史表明,股票市场增长不会长期超过整个经济的增速。也就是说,公司的销售、利润和股票价格的增长不会超过经济产出。如果股票价格上涨的速度是经济增速的 4 倍,市场必定会在某个时期下跌。反之,经济处于高涨期时,而股票价格却一直下跌,一般就处于低估状态。

收入多样化

1982 年,标准—普尔 500 公司的价格—收入比仅为 7(即投资人愿意为公司的 1 美元收益支付 7 美元的价格)。到 1999 年中期,这个数据涨到 34。巨大差异的背后隐藏着什么?利息率的降低是价格收入比上升的一个原因,下降的比率使得投资者的每一美元投资价值更高。

公司利润增长是另一个原因。到 90 年代末期,由于公司不断将利润用于再投资并保持高收益,公司的股票和资产上升到 70 年来的最高峰,所以当时的一美元意味着更高的价值。但是,股价攀升的最主要原因恐怕是心理因素使然。投资者不考虑股票的实际价值,一厢情愿地支付越来越高的价格。当价格收入比的增速超过了预期,利息率和公司收益率就会相应变化,投资者必须时刻关注并作出投资调整。

国家整体经济运行状况

如果经济呈现高速增长态势，增长率攀升至高峰，投资者需要减持股票，选择其他投资方式。同样，经济不景气时，股价通常大幅降低，反而存在高回报的潜力。用巴菲特在第12章中列出的15%收益原则，投资者很快能判断出是否应该继续持有某只股票。通常的做法是，经济衰退期买入，经济高涨期卖出。

整体环境

由于巴菲特总是尽力长期持有股票，因此他会在买入前全面考察公司、行业和市场状况。他从不会因为公司的近期利润变化而决定购买还是抛售，也不会寄希望于华尔街的追捧使股价高涨而获益。他的做法是，首先研究一下经济基础和市场的长期表现，以这些为参照考察高价股票能否支撑下去。如果股票不能带来他预期的回报，他就会倾向于卖掉股票或者不买入。表17.1所示，只要有条件，巴菲特一定要达到目的。在经济衰退时，所有行业都受到不利影响，巴菲特却悄悄地买入数十只股票。因为他对这些股票很有信心，坚信随后几年它们会上涨。当经济达到顶峰，下跌是必然的，卖出股票就需谨慎而为。

表17.1　80年代巴菲特减持的投资组合：

伯克夏·哈撒韦年报中列出的主要持股

	1980	1981	1982	1983	1984	1985	1986	1987
联合出版公司	x	x	x	x	x	x	x	
ALCOA	x	x						
阿卡塔公司	x							
碧翠公司	x							

	1980	1981	1982	1983	1984	1985	1986	1987
投资之城/ABC	x	x	x	x				
克利夫兰·克里夫钢铁	x	x						
克拉姆·福斯特公司	x							
埃克森公司	x							
GATX	x							
吉列公司	x	x	x	x	x	x	x	x
通用食品	x	x	x	x	x			
汉迪·哈曼公司	x	x	x	x	x	x	x	
国际出版集团	x	x	x	x	x			
恺撒铝业	x							
李尔·席格勒公司	x							
一线传媒	x	x	x	x				
国际底特律	x							
国家学生行销	x							
西北制品	x							
奥美公司	x	x	x	x				
平克顿侦探	x	x						
雷纳德公司	x		x	x				
SAFECO	x	x						
时代	x	x	x	x				
时代明镜公司	x							
华盛顿邮报	x	x	x	x	x	x	x	x
伍尔沃斯公司	x							
公布的股票数目	18	15	11	10	10	7	6	3

可兑换证券

巴菲特在上世纪80—90年代最赚钱的投资就是可兑换证券。这是一种混合证券,兼有股票、债券和优先股的特征。自1987年开始,巴菲特公开做了5笔可兑换证券投资:1987年,所罗门公司;1989年,吉列公司;1991年,美国运通;1989年,优胜者互联网和美洲航空集团公司。

第十七章 规避损失 2

这 5 笔投资已经为巴菲特赚了 50 亿美元收入，这使他有财力去购买其中 3 家公司的更多股本。他目前仍持有吉列和美国运通所有的普通股，并利用所罗门兄弟公司的投资所得购买旅行者集团和花旗集团更多的股本。

购买可兑换证券意味着固定的收益，如同债券一样。不同的是，这些证券还可以转化为一定数量的普通股。尽管这种兑换的价格比普通股票价格一般要高出 15%—25%，可兑换是吸引投资者的闪光点。比如，投资 1000 美元购买 XYZ 公司的债券，并能兑换成 20 股 XYZ 公司的股票（兑换价格是每股 50 美元）。XYZ 公司的股票每股售价 40 美元，40X20 = 800 美元。支付的溢价为 200 美元，但最终收益能够弥补这一溢价。

可兑换证券可以让投资者在股价上涨时获得不错的收益。如果 XYZ 的股票每股上涨 50 美元，可兑换证券的收入是 50X20 = 1000 美元。普通股票每上涨 1 美元，可兑换债券的价值就增加 1 美元。投资者可以自由兑换并卖出普通股票获得收益，也可以自由兑换并持有股票，也可以只持有可兑换证券让利润逐步增加。因为这种证券有债券的特点，就不会向股票那样猛然下跌。理论上说，无论普通股票如何下跌，可兑换证券不会下跌到有限权证债券的账面价值以下。

只有当红利和股票涨势综合起来能给投资者带来超出市场一般水平的回报时，巴菲特才会投资可兑换证券。他在 1998 年的年报中写道：“不管什么时候，我们都希望这些可兑换证券能够连本带利地回报我们。我们期望所投资的公司股票表现良好，以免损失其他更好的机会。”

所罗门公司

上世纪 80 年代中期，曾有一股公司的合并浪潮，同时股市也在飙升。那是，巴菲特的新投资不尽如人意。如表 17.1 所示，巴菲特的投资转向保守，只做了几笔有把握的小投资，并卖掉了伯克夏的大部分股票。公司合并浪潮一方面让投资者看不清形势，另一方面也带来了机遇。一些大公司的股价被抬高，以在合并中卖出好价钱。此举影响了公司的潜在回报率上涨。合并时，公司股价存在巨大的溢价，一旦交易完成，投资者将面临股价迅速下跌的风险。

巴菲特对付这种状况的办法就是扮演救星的角色：他会帮助某些公司尽力反对恶意收购。虽然他完全可以不顾公司死活，仍能获得高回报率的可兑换证券，但他没有这么做。可兑换证券是巴菲特的安全护栏，丰厚的利润使他免受股票下跌的损失。

在1987年大危机之前的一个月，巴菲特的举动令股东们大吃一惊。他购买了投资银行家兼经纪人所罗门兄弟公司新发行的7亿美元可兑换证券。后来所罗门公司并入旅行者集团，再后来成为花旗集团的一部分。

他投资时的成交价大概是32美元，可兑换成1840万每股38美元的普通股票。一旦所罗门公司的股价超过38美元，巴菲特的账目上就会有新增利润。同时，还能得到9%的优先年度红利（7000万投资的红利是630万）。估计到投资银行有较强的投资回报能力，巴菲特认定所罗门公司的这笔投资风险较小，获利丰厚。传记作家罗伯特·黑格斯特姆 Robert Hagstrom 曾记录了所罗门公司在1986年的股价达到59美元波峰。如果这只股票在3年内再涨到这个价格，巴菲特兑换后的总收益率就能达到88%。如果所罗门的股票到1992年还没达到这个价格，即持股5年后，巴菲特仍能有17.6%的高回报率。如果他不兑换，从1995年开始，所罗门公司可以在5年内赎回证券。

巴菲特购买所罗门公司股票时，所罗门公司正在竭力避免罗纳德·比勒曼 Ronald Perelman 的恶意收购。罗纳德后来也有意收购吉列。他想通过奥芬默家族获得所罗门公司的股票。这个家族在南非经营采矿业并拥有所罗门公司14%的股份。当巴菲特购买可兑换证券的消息传开后，罗纳德放弃了收购。

第十七章 规避损失 2

从所罗门的角度看，一切进展顺利。但巴菲特这么做却让人觉得费解。这是他有史以来最大的一笔投资，把伯克夏公司的股本都押上了。投资银行向来是巴菲特一直回避并加以嘲笑的行业，但巴菲特这次投资似乎只认准了投资收益。在别的投资没有什么吸引力的情况下，这笔投资的回报相当不错。

就在巴菲特购买的一个月后，股市大幅下跌。所罗门公司的股价下跌到每股 16 美元。也许巴菲特早料到了危机。如果他当时只购买公司的普通股票，此时的损失已经过半。事实上，所罗门公司的股价在 4 年后才回到巴菲特的买入价位，32 美元。即使巴菲特能得到 630 万美元的红利，这个价位对可兑换证券而言也毫无价值。

其实，还要再过几年，才能显示出巴菲特这个赌注的惊人回报。1991 年 8 月，普通股票的价格刚刚回到 38 美元，所罗门就陷入了违法债券交易的丑闻。这差点让 2 年期的国库券拍卖受阻。公司的高层在明知犯罪的前提下，仍继续操作。直到联邦调查局介入，他们也未向当地政府坦白。这些高层管理人员被迫辞职，所罗门股价受挫，直线下跌。就是在这个时候，巴菲特被请进来成为所罗门的临时主席。

巴菲特面对的将是一件棘手的事情。他不得不解雇那些高管，大量削减支出，恢复信用和收益率，斡旋大量诉讼所罗门的案件，协助联邦调查局对交易行为的调查，并游说国会议员争取所罗门公司在国库券拍卖中的参与权，这使得所罗门免于宣布破产。

最终公司答应赔偿联邦政府 2.9 亿美元。到 1993 年，即巴菲特购买可兑换证券 6 年后，所罗门的股价超过了 38 美元的可兑换价位。巴菲特的投资开始有回报了。作为公司的临时主席，为了加强公司的信誉及影响，他率先购买所罗门的普通股票，最终购入公司 20% 还多的股本。

1995 年，巴菲特兑现了 20% 的股票，1996 年，又把另外 20% 的股票兑换为普通股。随后,伯克夏发行了价值 44 亿美元的可兑换证券,并允许投资者把伯克夏的债权转化成所罗门的普通股。当旅行者集团在 1997 年准备收购所罗门公司时,巴菲特把所罗门的股票换成旅行者集团的股票。

吉列公司

巴菲特早在几十年前就开始关注剃刀大王吉列公司了。80 年代时,巴菲特对它的兴趣最高。那是,吉列正被几家公司恶意收购。对吉列来说,康尼敦的最后投标给公司巨大一击。直到从投资者手中赎回 1.9 亿股后,吉列才没有改名换姓。公司过度发行股票,加上举债回购给公司造成了沉重的财务负担。

巴菲特的加入使吉列公司有了转机。他决意不让吉列落入恶意收购者手中。1989 年 7 月,巴菲特为吉列注入 6 亿美元资金,而公司给巴菲特红利率为 8.75% 的优先权可兑换证券。这笔证券可以兑换成 1200 万股 50 美元每股的普通股票。这个价格比吉列公司发行的普通股高 20%。巴菲特在 2 年之内不得进行兑换。但是如果股价超过 60.5 美元,他有权强行转换。

外人看来,这笔交易保护公司免受恶意收购,但实际上巴菲特才是最大的赢家。吉列公司用 6 亿美元资金清偿了债务。巴菲特手中的可兑换债券使他拥有一定空间抵消股价下跌的损失。优先权股票包含的资产净值也能让巴菲特免于股价上涨的损失。此外,巴菲特在吉列的董事会获得一席之地,并在这个潜力巨大的公司拥有相当数目的股票。

事实证明,这笔交易为巴菲特带来惊人收益。当剃刀的自动生产线投产后,吉列公司的利润飞速增长。公司销售额从 1989 年的 3.8 亿美元飞跃到 1994 年的 61 亿美元。1990 年—1991 年出现的短暂经济衰退使公司股价一度下跌。但到 1991 年 2 月,股价维持在 73 美元左右,高于 62.5 美元的底线。吉列公司强烈要求巴菲特进行兑换,他最终在 2 年内获益 2.75 亿美元

(不含红利)。巴菲特一直未出售其最初的 1200 万股普通股。这些股票拆细后成为 9600 万股。

美国运通公司

巴菲特的另外一次投资是 1991 年 8 月斥资 3 亿美元购买信用卡巨头美国运通公司的可兑换证券。当时美国运通刚刚走出衰退,财政状况不佳。公司高管经营失误使公司损失巨大。为了恢复公司业绩,重获利润,美国运通开始开拓新的业务并与巴菲特商谈融资事宜。双方很快达成协议,这将给巴菲特带来另一笔巨大收益。

这次巴菲特购买的可兑换证券与在所罗门或者吉列购入的有所不同。这些证券的红利率为 8.85%(一年红利为 2655 万美元),投资者有权基于个人判断和公司赎回普通股票的价值来定价,兑换成美国运通的普通股。交易完成时,美国运通的股价是 25 美元每股。巴菲特所持证券至少可以换成 12,244,898 股(每股转换价格 24.5 美元)。3 年之内,如果普通股的交易价格低于 24.5 美元,巴菲特有权延期一年兑换。如果普通股票的价格上涨至 37.53 美元每股,美国运通公司有权赎回这些可兑换证券。

这种证券的实质是,在购入 1—3 年内增值并给投资者带来约 8000 万美元红利的投资。巴菲特当时考虑到美国运通处于劣势,8.85% 的红利率显然高于普通债券的收益。并且伯克夏 70% 的红利收入可以免征联邦税,这相当于这笔可兑换证券在税前基础上能够提供 11% 的回报。

1994 年,巴菲特把这笔证券进行兑换,并抓住市场疲软时机,购买了更多美国运通的股票。1995 年第一季度,巴菲特已经拥有公司 4800 万股股票,即公司股本的 9.8%。90 年代末,巴菲特的股本价值 84 亿美元。

巴菲特在 1997 年的年报中幽默地写道:"这种股票的利润是相当可观

的，你们的主席在这笔运作中发挥了主要作用，保持了平衡。"这其中还有一段插曲，1994 年巴菲特兑换股票之后就准备卖掉所有股本，但亨氏的总裁，弗兰克·奥尔森 Frank Olson 在一场高尔夫球比赛中劝说巴菲特保留下来。

期权

巴菲特多次发表言论，称金融衍生品毫无价值，比如期货和有买卖特权的契约。因为这些证券依赖市场上的短期价格变动获利。与其说是投资，不如说是一种赖皮行为。比如，一名投资者的某种期权是把近期股市的走势做赌注，通过市场的杠杆调节获利，而不是通过细致研究公司的经营及利润等作出的投资。

如果一名投资者认为美国在线的股票将上涨，目前股价为 50 美元，那么他会购买结算价格为 50 美元的期权。无论美国在线的股价如何变动，他有权以每股 50 美元的价格从期权出售者手中购入股票。如果投资者要缴纳每股 5 美元的期权使用费，这名投资者的费用支出为 500 美元（每笔交可以购买 100 股），这笔钱是没有回报的投资。

只有美国在线的股价在期权期满之前涨到 55 美元以上，这笔交易才赚钱。股价上涨至 60 美元时，期权的每股价值是 10 美元，即投资者本金的 2 倍。70 美元时，期权价值 20 美元。

而购买期权的投资者本意是在将来某个时刻，以固定的高于购入价的价格卖出股票。由于期权使用的费用较低，即使股票下跌，投资者人仍能获利。

如果巴菲特从事这种交易，他很可能会成功。他也承认自己曾与可口可乐公司签署了使用期权的协议。但是，那是他并未计划在这家公司投入更多。那是 1993 年 4 月，当时可口可乐的股价为每股 39 美元（股票拆细之

第十七章 规避损失 2

前),巴菲特已经持有 9340 万股可口可乐公司股票,他想再购买几百万股。但公司重组的风险让他有所顾虑。于是巴菲特和公司签署了 500 万股股票的期权,每股价格 35 美元。他支付的费用为 750 万美元(每股期权费用 1.5 美元)。

通过期权,巴菲特试图以低价位得到可口可乐更多的股票。这样,他可以用部分获利补偿支付的费用。这招果然奏效。如果可口可乐公司在期权期满之前破产,公司股票持有者会将股票以每股 33.5 美元的价格转给巴菲特。这正是巴菲特想得到的结果:低价位时得到更多的股票。

这样,巴菲特等到期权期满,即一年之后才有机会再次购入可口可乐的股票。1994 年,他追加投入,持股达到 1 亿股,这些股票在拆细后成为 2 亿股。虽然巴菲特在投资生涯中多次运用期权,他只向外界披露了这一次交易的过程。这次期权的使用使他在一年之内不能购买股票,但正因为如此,他能把费用限定在一年之内,从而有机会去购买其他成长股。用数学语言来讲,巴菲特的这次期权交易是一次双赢的结局。如果人们以后看到他在选购新股时又用到这一手段,就不必大惊小怪了。

第十八章

巴菲特的制胜招数：套利

巴菲特的早期职业生涯鲜为人知，也极少有媒体关注他。很多人感到诧异，这个来自奥马哈相貌平平的人怎能屡次击败道琼斯工业指数呢？当然，巴菲特在格雷厄姆投资学院的同窗们都知道股市是可以被战胜的。格雷厄姆这样说过，他的学生们也亲自证明了这一点。但是，大多数投资者们谨遵商业学校流行的"有效市场"理论，觉得巴菲特之流不过是走了好运。他们似乎暗中希望这个内布拉斯加神童有朝一日惨淡收场，从而验证市场的不可战胜理论。

但是，他们失望了。巴菲特不仅屡次超越主要的市场指数，而且也极少有年度损失。第二个成就尤为引人注意。统计数据表明，任何从业几十年的投资者，在变幻莫测的故事中总有马失前蹄的时候，年度损失在所难免。无论他如何精于挑选股票，利润总是会受到某些不可控因素的影响。1987年10月19日，道琼斯工业指数暴跌了508点，97%以上的股票价格下跌。当时，只有千分之一的投资者在那天赚钱，只有十分之一的投资者本年度赚钱盈利。

市场运行的规律是每隔大概4年就有一次大跌。一般说来，一名投资者从业40年，其中有10年会亏损。一名业绩超群的投资者或许可以把受损年份降低至 5—6 年。而巴菲特的记录显示,他连续 35 年使伯克夏的账面价值保持增长。仅有 4 年,标准—普尔 500 指数超过了巴菲特股票价值的增长。如果这是打高尔夫,意味着球手连续 40 年打出规定的杆数甚至更好的成绩。

投资者可以通过 3 种方式保持长期无风险的盈利记录:

1. 购买短期国库券或债券并持有至期满。以此获利 4%—6% 的固定收益。
2. 购买固定资产做个人市场领域的投资,这些固定资产应当持续产生高利润并刷新每年的报价。
3. 持有上市公司证券,加强投资组合的盈利能力,以降低价格波动的影响。

勿以"利"小而不为:并购套利

巴菲特从事投资管理行业之处,就广泛地运用并购套利来保证投资组合的丰厚回报。在股市疲软期,巴菲特往往通过套利交易获得不凡业绩。在股市强硬期,他大举并购使收益率远超股指。1926 年—1956 年,在格雷厄姆的公司,巴菲特的老师格雷厄姆就把套利奉为其教学和投资的金科玉律。格雷厄姆说,要把大部分资金用于短期投资以获得巨大差价。这些短期投资包括重组、清算、可转换债券及优先股的套期保值及并购。

格雷厄姆的早期投资中,他进行过一次典型的套利投资。1915 年,年仅 21 岁的格雷厄姆买入了古根海姆公司的部分股份,每股价格 69 美元。这家公司拥有 4 将家铜矿公司的少量股份:凯尼科特公司、奇诺铜业、美国冶炼公司及雷士联合公司。古根海姆公司总计股份的每股价超过 76 美元。因此,格雷厄姆以 69 美元的价格实际获得 76 美元的资产。格雷厄姆预测这一情况不会持久,因为公司的股价必定会涨到 76 美元每股。这样,他稳赚 7 美元。

严格说来，套利是在两个市场买入和卖出某种证券以获得巨额差价。例如，惠普的股票在纽交所每股卖 80 美元，而在太平洋交易所卖每股 82 美元。套利投资者就会在纽交所买入股票，而在太平洋交易所卖出，每股赚得 2 美元利润。但这种机会时效性很强，可能转瞬即逝。在纽交所大量买入某种股票会抬高股票价格，而在太平洋交易所的大量抛售也会使股价下跌，使两个市场的价格不久会恢复平衡。

并购套利的方法就是这样。实际上，投资者是想得到买入股票的市场价格与卖出股票的市场价格之间的"差价"。交易价格就是一家公司并购另一家公司时支付的价格。例如，默克以每股 85 美元的价格买下辉瑞制药。如果辉瑞的市价为 80 美元，那么投资者在并购前买入辉瑞的股票，持有到交易完成时卖出，就会获得每股 5 美元的收益。5 美元相当于 80 美元投资的 6.25%，即投资者收益率为 6.25%。如果辉瑞的股价跌到 80 美元以下，投资者套利收益将更高。

并购套利的好处是，它最大化投资者的年收益并最小化年损失。公司通常会封锁交易信息，投资者无从得知交易何时完成，这会影响投资者的卖出时机。在默克和辉瑞的例子中，如果交易在投资者购买后 6 个月内完成，5 美元的收益意味着 12.9 的年收益率。如果交易在 4 个月内完成，年收益率为 20%。这就相当不错了。一旦交易结束，投资者从默克公司收回了资金，可以将其用于下一笔套利交易，从而提高投资效率。

如果投资者的每笔套利交易都能获益，这一连串成功的小规模交易就能保证最终丰厚的年收益。如果投资者能够在 3 个月内完成一系列套利交易，每笔收益率为 10%，并将每笔收益进行再投资，那么年度复利总收益率将高达 46.4%。

第十八章 巴菲特的制胜招数：套利

表 18.1 一笔套利交易的年收益（复利计算）

折扣	直到交易结束			
	一个月	两个月	三个月	六个月
2	26.8%	12.6%	8.2%	4.0%
3	42.6	19.4	12.6	6.1
4	60.1	26.5	17.0	8.2
5	79.6	34.0	21.6	10.3
6	101.2	41.9	26.2	12.4
7	125.2	50.1	31.1	14.5
8	151.8	58.7	36.0	16.6
9	181.3	67.7	41.2	18.8
10	213.8	77.2	46.4	21.0
11	249.8	87.0	51.8	23.2
12	289.6	97.4	57.4	25.4
13	333.5	108.2	63.0	27.7
14	381.8	119.5	68.9	30.0
15	435.0	131.3	74.9	32.3

可以做套利交易的机会很多。华尔街每天大约公布10—20项并购，这其中就蕴含着机遇，等待敏锐的投资者来发现它们。巴菲特轻易不谈他的套利交易，只是说自己在没有好的股票投资机会时才去做套利交易。

巴菲特在1998年的年报中说："我们有时把套利交易当作短期货币市场证券来持有。当然，我们优先考虑盈利的长期交易。但是，除此之外，手中的剩余资本必须得用起来。这时候，套利交易的优势显现，其收益往往高过国库券收益。即使我们心里把长期交易放在首位，也难以抵制这种交易的诱惑。"

有时候，不少投资者以身试法，进行违法的套利交易。巴菲特不这么做。在1926—1956年间，格雷厄姆通过套利交易获得20%的年收益率，这超过了道琼斯工业股票的收益。在1988年，巴菲特对外公布自己的套利交易收益超过格雷厄姆的记录。

在20世纪五六十年代经营合伙投资公司时,巴菲特就做过数十笔套利交易。他早就注意到小规模套利交易的总收益率非常惊人。另外,他还想通过套利交易保护客户们的资产免受股市冲击。通过把客户的资本投入到并购套利中,就不必担心股市的走势影响,并能获益颇丰。股市低迷期,巴菲特至少可以通过套利交易确保资产价值得到提高或者至少不会下跌。

在确保客户的大部分投资免受风险的情况下,巴菲特把剩余的资本集中投入到几只股票上。1960年2月,他告知客户们,他把35%的资金投入到某只股票,但拒绝透露那一只,剩余的资金都投入到并购套利交易中。只要有条件,巴菲特就会继续投资这种交易,以规避股市风险。

整体来看,并购套利交易是巴菲特投资事业的第二大业务。他很少向投资者透漏当前操作的套利交易内幕。但是他会公开投资规模并寻求融资以完成交易。

每年,我们都会做10—15项类似的交易。一些刚刚开始操作,一些已经快收尾。我相信融资对我们的套利交易大有裨益。不管是最终收益还是市场交易本身都没有什么风险。

在1999年伯克夏年会上,有人问巴菲特,如果今天他是一个涉足投资领域的新人,他能否在股市中继续胜出。巴菲特自信地说:可以。他会选择一些不知名的股票并进行套利交易。他说:"我可以举出十几个人,包括我自己,使100万美元的投资年复利收益率达到50%。"

巴菲特总是从数学角度出发,分析套利交易。他把风险的上限和下限都考虑进来,投资的最终收益是"加权期望收益"。"如果事件发生的概率是90%,上限取值为3点;事件不发生的概率为10%,下限取值为9点,那么2.7-0.9=1.8美元。"

假设收购者对人民软件的报价为每股20美元,股票的市价为17美元,即存在3个点的折扣。按照巴菲特的推断,假设交易成功的概率为90%(赚

3美元),交易失败的损失为9美元,那么加权期望收益为1.8美元,0.9x3 - 0.1x9。这表明17美元的投资年收益率为10.6%。如果交易在6个月内完成,年收益率为22.3%(1.106x1.106)。

并购套利带来两位数的收益率很正常。1999年4月,全球交互公司希望并购边缘公司,以将其业务扩展到全国。交易结束时,边缘公司的股东们将得到每股62美元的股票。但是,边缘股票的市值往往要低10%—20%。交易者们普遍猜测此并购成功率不高。并购终于在1999年9月达成,那些抢占先机的投资者的收益率超过了三位数。

巴菲特就是要抓住这样的时机。有些投资者始终密切关注交易进展,他们以45美元买入边缘股票,在3—4个月内就能获得每股17美元的收益。这意味着45美元投资的收益率为38%。而交易时间的长短决定收益率在102%—262%之间变动。

1999年5月,当新荷兰NV公司发出每股55美元的报价后,Case公司的股价出现巨大波动。人们纷纷猜测交易必将困难重重。此时,case股价跌至44美元。投资者若此时买入,将会获得每股11美元的收益,对于愿意等待几个月至交易完成的投资者来说,这意味着25%的收益。

经验证明,多数并购交易都历经曲折。在消息发布当天,目标公司的股票往往会上涨,达到低于报价4%—6%的水平。随后股票价格会慢慢回落。许多个人投资者往往沉不住气,不再持有而是售出股票。而这些人的出售为大买家,比如巴菲特带来了更高的收益。举个例子,如果X公司想以每股20美元的价格买入Y公司,Y公司的市值为19美元,那么收益率就是5.3%。如果Y公司股票下降50美分,即18.5美元,那么收益率增至8.3%。如果交易在3个月内结束,年收益率高达37.6%。

1990年,《福布斯》杂志找到了伯克夏的保险子公司向州管理部门上交的账本,其中展示了巴菲特的套利交易。伯克夏的保险公司为巴菲特提供了大量投资资金。他们发现，巴菲特在1987年从事了大量的并购套利交易，这使得伯克夏的投资组合在变化莫测的市场上持续增长。当时，巴菲特削减了投资组合中普通股得数量。因此，与普通人投资股票不同的是，巴菲特依靠套利投资保持盈利。他进行的并购套利交易涉及卡夫、纳贝斯克和飞利浦·莫里斯公司等。传奇的是，在10天之内，巴菲特把投入南房地产的270万美元变成了330万美元，年收益率高达700%。《福布斯》估测巴菲特的套利交易在1987年平均收益为90%，而标准—普尔500指数的收益率仅为5%。

1988年，巴菲特进行了20余次并购套利交易，收益率高达35%，是标准—普尔500指数收益率的2倍。1999年，巴菲特就没这么幸运了。他在套利交易中损失了31%。但他没有向股东们报告损失的具体数目。其实早在一年前，他就已经开始计划减少下一年的套利投资了，因为巴菲特觉察到当时并购领域的"过剩"现象。尽管如此，他还是把部分套利投资让给其他投资公司，并在市场上出售剩余股份，获利6400万美元。

洛克伍德公司的可可豆

1954年，是巴菲特为格雷厄姆工作的第一年。这一年，他运作了一次"意义重大"的套利交易。这次交易是他迄今愿意公开谈论的交易之一。洛克伍德公司是一家巧克力制造公司，利润微薄。在工厂运转艰难之际，可可豆的售价突然上涨了10倍。公司想趁机售出库存以获取利润。但此举势必让公司承担50%的销售所得税。

但好消息是，当年国内收入署作出新规定：如果公司把原料出售给股东作为企业重组的一部分，可以免税。这一规则使洛克伍德公司焕发生机，公司当即出售其可可油工厂并调运1300万磅可可豆作为工厂的库存。同时，公司宣布回购股东的股票，并每股支付80磅可可豆。可可豆当时的售价是每磅60美分，洛克伍德公司的股票回购价格是每股48美元。消息公布之日,洛克伍德公司的股价仅为 15 美元。

巴菲特认为机不可失。他先在市场上买入洛克伍德的股票,再把股票卖给公司,然后卖掉交换的可可豆。他用所得收入买进更多的公司股票。这一交易使巴菲特持续获利,直到可可豆和洛克伍德公司股票之间没有差价。"好几周内,我忙着买股票,卖可可豆,定期到信托银行把股权证装换为仓库提单,回报很不错,我唯一的费用支出就是地铁票。"

阿卡塔公司

1981 年 9 月,并购经纪公司 KKR 报盘收购林产品企业阿卡塔公司的全部资产。当时,公司与联邦政府就其土地定价存在争议。政府于 1978 年征用了公司 10700 英亩林地来扩大红木国家公园,补偿该公司 9790 万美元。但公司认为这一补偿太低。这一争议使并购出现困难。最后,KKR 同意对阿卡塔公司每股 37 美元的报价,同时返还政府补偿金额的 2/3。

巴菲特几年后说,我们要搞清楚的是 KKR 的交易失败后果是什么。如果失败怎样才能减小损失。"阿卡塔的管理层为出售公司运作了很久,出售势在必行。如果 KKR 放弃了并购,阿卡塔也会寻找另外的买家。只是价格会压低。其次,我们要算明白政府的补偿是否合理。作为老板,不必要分清楚榆树和橡树,但是要在零和一个大的数据之间为期定出一个合理的价格。"

巴菲特预计交易在 1982 年 1 月完成。他以 33.5—38 美元的价格买入了 65.5 万股。KKR 的管理者们对木材产业前景担忧时,交易出现困境,拖延了好几个月才最终达成。最终 KKR 愿意支付 37.5 美元每股的价格。而巴菲特在这次交易中获利 170 万美元。

MGI 地产

不要忽视短期的小盈利。如果小利能够吸引巴菲特这样的投资家,那么也会吸引你。在 1999 年早期,巴菲特对外宣称他正在收购房地产信托投资公司 MGI 地产的股票,其资产组合包括写字楼和公寓建筑群。媒体猜测巴菲特的投资将转向房地产信托业。这一行业早已失去往昔风采,其股票平均收益仅比 30 年期国债高出 3 个百分点。

然而,这次并购套利交易恰是巴菲特的典型投资。1998 年 10 月,MGI 的高管们批准了出售计划,并将出售所得作为特别红利返还给股东。他们预计房地产出售价格为每股 29—30 美元。当时,实际股价约为 24 美元。当 MGI 策划出售时,交易成功的几率为 100%。投资者获取 29—30 美元的价格是迟早的事。巴菲特开始大量买入 MGI 的股票,即使股价已经接近 29 美元,他仍然不停手。巴菲特总计投入 5000 万美元,预期每股盈利 1—3 美元。

巴菲特的计算再次奏效。交易不会失败即投资风险为零。事实上,MGI 的出售进展顺利,。到 1999 年 5 月,公司出售了 80% 以上的写字楼。此时巴菲特正在大量买入股票。如果他每股支付 27.5 美元,交易价格为 30 美元,他在几个月内将获利 10.9%。

在这一交易中,巴菲特没有用伯克夏公司的名义购买股票,而是以个人名义购买。而且,他还划拨出一笔较大数额的资产作为自己的运作资金。在买入 MGI 股票时,伯克夏的股票市值达 380 亿美元。人们对此不解,巴菲特何必如此费心投资一笔只能为他赚几百万美元的套利交易呢?这只能说明巴菲特不以利小而不为的投资哲学。不管他多么富有,只要有机会,巴菲特就不会错过赚取哪怕几个百分点的收益。

通用动力

巴菲特获利丰厚的一笔投资(以美元计算)源自一项看似最普通的套利交易。1992年7月,国防承包商用动力公司进行重组。它将通过拍卖以每股65.37—72.25美元的价格回购30%股份。数月之前,该公司已经出售其3个非军工项目企业(数据系统公司,塞纳斯飞行制造和赫基思飞行制造公司),总计获益12.5亿美元。由于裁军导致军事订货减少,通用动力公司不打算把12.5亿美元再投入公司,而是减少流通股的数量并大幅提高不转让股份的投资者们的收益。

巴菲特再次看到了小利的机会。他通过伯克夏,以每股72美元的价格(拆分后是18美元)收购了430万股通用动力的股份。巴菲特在1992年的年报总写道:"直到去年夏天,我才注意到这家公司宣布回购30%的股份。意识到这是一次机会,我期望通过转让持股来获取小利。"

买入股份后,巴菲特开始研究这家公司,并注意到其总裁威廉·安德斯的独特转型方式。安德斯通过大量裁员,关闭工厂生产线及削减研发费用等手段节省公司运营成本数千万美元。华尔街似乎对这些手段颇为赞赏。在公司宣布拍卖之前,公司的股价已经超出底线两倍,但仍低于公司账面价值,这引起巴菲特的关注。

巴菲特并不急于出售其430万股股票,而是继续持有,他坚信仍有上涨的空间。在随后5年中,这些股票的价格几乎翻了两番。另外,通用动力在1993年开始派发3种特别红利,每股达50美元(拆细后为12.5美元)。巴菲特的430万股拆细后变为1720万股。在1994年4月,他卖掉了20%的股份,8月又卖掉了另外14%的股份。接下来的2年里,他继续卖掉20%的股份。

到1998年,伯克夏共持有通用动力7,693,637股,市值一度达到5.3亿美元。巴菲特每股 50 美元的红利加上税前利润,到 1999 年中期,收益达到 4.5 亿美元。他说:"我们的确很幸运。"

投资组合必选:套利投资

如果投资者希望增加其投资组合的年度收益,必然要选择并购套利投资。如果效仿巴菲特,把一部分资金用于做套利交易,那么你的年收益至少增加几个百分点。表 18.2 显示了一名投资者每年留出 25% 用于并购套利交易,75% 用于投资标准—普尔 500 企业股票,其投资的并购套利中年度收益率为 20% 的情况下如何收益。

从 1960 年的 10000 元初始投资开始,到 1998 年末投资者的投资组合价值将增至 1,774,802 美元,其年复利收益为 14.6%。相比而言,把资金全部投资于普指的投资者,其初始投资仅增至 817,402 美元,不及前者一半,年复利收益仅为 12.3%。

表 18.2 套利如何增加投资收益

	道指	道指 + 50% 套利	道指 + 50% 保证金套利	巴菲特
1957	-8.4%	5.8%	8.7%	10.4%
1958	38.5%	29.3%	43.9%	40.9%
1959	20.0%	20.0%	30.0%	25.9%
1960	-6.2%	6.9%	10.4%	22.8%
1961	22.4%	21.2%	31.8%	45.9%
1962	-7.6%	6.2%	9.3%	13.9%
1963	20.6%	20.3%	30.5%	38.7%
1964	18.7%	19.4%	29.0%	27.8%
1965	14.2%	17.1%	25.7%	47.2%
1966	-15.6%	2.2%	3.3%	20.4%
1967	19.3%	19.7%	29.5%	35.9%
1968	7.7%	13.9%	20.8%	58.8%
1969	-11.6%	4.2%	6.3%	6.8%
年收益	7.4%	14.0%	20.9%	29.5%

年收益增加 2—3 个百分点就能使投资者大大降低年度亏损的几率。表 18.2 显示,把全部投资用于标准—普尔 500 企业股票的投资者,38 年中有 8 次亏损,而将资金的 25% 投资于套利的那些人,仅有 5 次年度亏损,且自 1975 年起,连续 24 年没有亏损。

表面看来,年收益增加 2—3 个百分点并不多,但是,复利逐年计算下来,2—3 个百分点就能累积成一个大数目。随着投资者套利能力的提高,这一收益还会增长。如果投资者每年的套利交易获益 25%,到 1998 年末,10000 美元的投资组合将会增至 2,719,955 美元,即 15.9% 的复利收益率。

前面提到,巴菲特将投资组合中大部分资金投资套利交易,并且融资购买股票。融资套利大大提高了他的收益。难怪其合伙投资业务的年收益率高于道指。表 18.2 还显示了一位投资经理人把资产组合的一半投资于道指,另一半投资于 20% 年收益率的套利交易。在第三栏,此经理用保证金来购买套利证券,一旦借款收购,收益就会与巴菲特持平。

如果这样的收益如此轻而易举,为什么不多做几笔套利投资呢？其实,原因在于,大部分投资者都以每年 20%—30% 的收益率为榜样,总觉得少几个百分点会被耻笑,却忽视了小利汇集起来的大利。

表 18.3　套利如何增加收益

	标准—普尔 500 投资组合		25% 的套利组合	
		$10,000		$10,000
1960	0.5%	$10,050	5.4%	$10,538
1961	26.9%	$12,753	25.2%	$13,190
1962	-8.7%	$11,644	-1.5%	$12,989
1963	22.8%	$14,299	22.1%	$15,860
1964	16.5%	$16,658	17.4%	$18,615
1965	12.5%	$18,740	14.4%	$21,291
1966	-10.1%	$16,847	-2.6%	$20,743
1967	24.0%	$20,891	23.0%	$25,514
1968	11.1%	$23,210	13.3%	$28,914

	标准—普尔 500 投资组合		25% 的套利组合	
1969	-8.5%	$21,237	-1.4%	$28,516
1970	4.0%	$22,086	8.0%	$30,798
1971	14.3%	$25,245	15.7%	$35,640
1972	19.0%	$30,041	19.3%	$42,501
1973	-14.7%	$25,625	-6.0%	$39,940
1974	-26.5%	$18,835	-14.9%	$33,999
1975	37.2%	$25,841	32.9%	$45,185
1976	23.8%	$31,991	22.9%	$55,510
1977	-7.2%	$29,688	-0.4%	$55,288
1978	6.6%	$31,647	10.0%	$60,789
1979	18.4%	$37,470	18.8%	$72,217
1980	32.4%	$49,611	29.3%	$93,377
1981	-4.9%	$47,180	1.3%	$94,614
1982	21.4%	$57,276	21.1%	$114,531
1983	22.5%	$70,163	21.9%	$139,584
1984	6.3%	$74,584	9.7%	$153,159
1985	32.2%	$98,599	29.2%	$197,805
1986	18.5%	$116,840	18.9%	$235,140
1987	5.2%	$122,916	8.9%	$256,068
1988	16.8%	$143,566	17.6%	$301,136
1989	31.5%	$188,789	28.6%	$387,336
1990	-3.2%	$182,748	2.6%	$397,406
1991	30.4%	$238,303	27.8%	$507,885
1992	7.7%	$256,653	10.8%	$562,610
1993	9.9%	$282,061	12.4%	$632,514
1994	1.3%	$285,728	6.0%	$670,307
1995	37.5%	$392,876	33.1%	$892,346
1996	23.0%	$483,238	22.3%	$1,090,893
1997	33.4%	$644,639	30.1%	$1,418,707
1998	26.8%	$817,402	25.1%	$1,774,802
回报率	12.3%		14.6%	

假设套利年收益率为20%

巴菲特并非孤军作战,全世界有数百位职业投资者在从事套利交易。他们几乎不做别的事情,就坐在电脑前收看并购消息的新闻。每当一条消息被公布,他们就立即对此进行分析,规划策略并开始投资。他们根据交易目标的不同在数小时或数天内结束交易。而一些投资者会持有股份至并购完成。

然而，事实证明，还没有人能像巴菲特那样在套利中如此成功。巴菲特从来只做胸有成竹的交易，而这种交易的机会越来越少了。巴菲特极有耐心等待。而"投机者们"依靠频繁交易来证明自己的价值。他们总以最快的速度尽量多做交易，甚至在公司的并购细节发布之前就开始行动。然而，巴菲特只在每年的大量并购中选取几项进行交易。他详细研究交易对象并耐心等待股价回落以获取高额收益。

那些想证明股市能够被战胜的人，只需关注巴菲特和格雷厄姆在20年代开始的套利记录就能找到证据。在巴菲特的记录中，促使其年度收益超出平均收益率的关键业务就是套利交易。看起来简单的业务实则是非凡业绩的奠基。巴菲特说："实际上，任何投资者都能通过套利交易在股市中获取高额收益。"

我认为，格雷厄姆-纽曼公司、巴菲特合伙投资公司以及伯克夏连续63年的套利交易表明：有效市场理论多么可笑。或许有一些特列，但这改变不了现实。我们不必发掘公司不为人知的事实或者与产品相关的秘密。我们只做清楚的事情。

套利交易原则

投资于"现价"交易而非"股权交易"，并且只有并购确定后才开始。

应优先考虑现金形式的50美元报价。因为此时交易的交换比率固定，并能防止目标股票股价下降。要避开使最终收益低于原始报价的交易。假设一家股票市值为50美元的公司准备交付1.5万份股票，交易当日市值75美元，如果交易完成时股价下降至30美元，投资者只能得到45美元。

确定预期收益率下限

在进行套利交易之前,要算出潜在的收益及亏损的概率。然后,估计交易完成所需时间及潜在的年度收益。放弃年度收益低于 20%—30% 的交易。

确定交易能达成

如果交易失败,目标股票的价格会大幅下降。而令交易失败的因素很多:政府的反垄断干预,并购商的股价下跌,高管层人员的补偿问题或者股东投票否决并购计划。某些涉及公用设施或者外国公司交易的并购会拖延很长时间,甚至一两年,这会让你的资金长时间被套牢。

如果进行"股权合并"交易(目标公司的股东接受收购公司的股份),要选择具有高护价能力的交易。

交易宣布之后,并购活动进展顺利,目标股价才不会下将。收购者一般会根据自身股价提出一个弹性股份数额。

不要把收益全部寄托在套利上

市场对一只股票的定价不可信。盲目选择只能导致一般收益。投资者因此需要遵循原则,仔细研究与交易有关的事件。当市场价格与并购价格差距太大,表明并购双方出现分歧,或许交易无法进行下去。

如果确定交易能达成,可以大胆用保证金(融资)进行套利交易

如果经常通过融资来进行套利交易,可以进一步提高投资收益。这时,最大的风险是,一旦交易失败,保证金会增加亏损。但是,当经纪商的融资率在 7—8% 之间浮动,且投资者们确信套利交易的年收益远高于融资利率,就能考虑借钱交易。

第四部

投资者的心灵鸡汤

第四篇

民族区域自治法

第十九章

巴菲特与良好习惯

丹尼尔·高曼在其畅销书《情商》中指出，人类只是一万年前起源的新物种，在这么短的时期内仅仅勉强适应了环境。恐龙用1.5忆年时间进化，从身体和感觉上来适应地球环境。相反，现代人类只存在了500多年，所以人类的潜能还远远未发挥出来。

我们的运动技能，走、跑、活动手指或者搬运东西的能力，与早期人类没什么两样。或许100万年后，我们可以一小时跑35英里，以每小时125英里的速度投掷棒球或者搬动2000磅的重物。但人类目前只能接受现实，基因构成不会在一夜之间突变。高曼认为人类的认识结构也没有太大变化。我们的推理、表达感情和决策能力与前人类似："进化已经进行了100万年，但最后1万年对我们的改变微乎其微。"

越来越热门的金融行为学研究者，瑞士信贷第一波士顿银行的米歇尔·曼波新指出高尔曼认识演进理论和投资之间的关联。他说，经济学和金融学领域的许多重大理论进展在过去的40年里得到验证、应用及传播，这只占用了人类历史五万分之一的时间。

从基因学来讲，人类创建的这些理论还未经过足够长的时间来消化和认识，以指导人类改变自己。学者们致力于研究合理利用资本、资产组合多样化或者信息处理的主题，但是我们的认识能力始终指导我们更快地行动。米歇尔说："如果人类还需要千百万年时间才能适应环境，那么人类目前还不能充分理解如何在资本市场上进行理性投资。在人类不能对风险和回报进行理性分析时，我们最好不要去考虑潜在收益的问题。"意识到自身的局限才能在选股中避免错误。他还指出投资者常犯的 7 种错误：

1. 潜意识的跟风倾向，觉得众人犯错比独自犯错更有安全感。
2. 过于自信。
3. 无法理性分析各种可能性。
4. 易于听信谎言。
5. 即使证据确凿，还是愿意依赖"经验法则"。
6. 忽视机会与可能性的统计规律。
7. 相信某些人的天赋（比如选股的能力）可以轻易学会。

在投资中，情绪和习惯至关重要，会影响投资者的决策。如果能控制情绪并加以合乎逻辑的引导，就能迈向合格的选股人之列了。巴菲特就是这样做的：永远理性地面对财富。在你所认识的投资者中，巴菲特无疑是最完美的投资者。但他也难免会犯一些错误，有时还是一些严重的错误。即使如此，他在投资界还是众人膜拜的楷模。这些成就的取得除了归功于他熟练的数学推理，主要还在于他超人的情绪操控能力。

要想取得巴菲特那样的成就，我们首先要关注他的选股习惯，在本书接近尾声之际，让我们回顾一下巴菲特的发言，尤其是那些关于情绪的诸多观点。

相信自己的判断,不轻信他人

你应该作出自己的判断。令人不解的是,常有些高智商的人盲目模仿他人。我从未与别人的谈话中获得灵感。在某些专门领域,如牙医,和他们交谈会让你受益匪浅。但是,职业投资经理人却做不到这一点。相信自己的判断和经验。如果你分析了事实并得出结论,那就是可信的。尽管别人见解不同,但这不表明你的判断错误。只要你的数据和推理无误,那你就是正确的。同样,在证券界,除了丰富的知识和可靠的判断,你还需要宝贵的勇气来鼓励自己。

不要无条件接受市场的定价

那些信奉有效市场理论的学生和投资者们反而是我和格雷厄姆这样的人的帮手。和他们同场竞技,只能显示出他们的愚蠢和不学无术。

格雷厄姆的"市场先生"寓言在今天听起来似乎有点过时。现在的投资者们热衷于有效市场理论、动态套期保值及证券风险测评这一套。他们谈论起来兴致勃勃,这可以理解,毕竟技术会给人一些有价值的建议。但是,医生们往往一笑置之,他们会建议你:"吃两片阿司匹林吧"

常识和充分了解投资比书本知识来的实际

要投资,你不必掌握证券风险测评、有效市场、投资组合理论等一堆术语。你最好对此一无所知。当然,大多数商学院不同意这一观点。我认为,投资专业的学生只需要学两门课:资产定价和市场价格。

我从业 35 年的经验表明,价值投资一直未受到人们的追捧。看来人们总爱把简单的事情搞复杂。我因为投资业务做得好,成为一名成功的商人,同时因为善于经营管理,成为一名杰出的投资者。

我坚信,智力竞技中,比如桥牌、象棋或者股票,认为思维是浪费时间的事情的对手从来都不堪一击。

不要在意股市的日价涨落:无关大局

我从不指望在股市中赚钱。我常觉得股市明天会突然关闭,5 年后再开市。

人们总关注价格变动,而忽视价值。如果你盲目地去做不了解的事情或跟风,往往会事与愿违。被上涨的股价牵着鼻子走是最愚蠢的表现。

不要依赖预测,多数预测空口无凭,走自己的路

我不信任任何预测,预测只给人虚假的精确。它越详尽越容易引人注意。我只关注公司的业务记录。如果公司的业务记录目前不令人满意,但前景可观,我会抓住这个机会。

我也不会去考虑宏观经济。如果有人对失业率来预测投资,我觉得这毫无道理。关注我所了解的业务并接受它的价格和管理模式。如果国会目前在热议某提案,我丝毫不感兴趣,这对我的投资没有任何帮助。

我们只需确定交易价格,而非制定交易时间表。我认为,基于短期经济走势和股市表现而决定放弃前景可观的股票是愚蠢的决策。为什么用臆测来放弃事实根据下的决定呢?我在 1967 年购买了国家理赔公司,1972 年购

买了西斯，1977年购买了布法罗新闻，1983年购买了内布拉斯加家具店并在1986年购买了斯科特公司。因为它们当时处于待售，且价格公道。在买下时，我只考虑它们的业绩如何，前景如何，而不去想道琼斯指数和美联储。如果这适用于购买整个企业，为何不能用于在股市中购买股票呢？

专家们在研究超购指数、超售指数、落差式样、期权比率、联邦货币供给政策、国外投资，但是他们却无法正确地预测市场。就像一台榨汁机无法告诉罗马皇帝和成吉思汗何时发动进攻一样。

投资是去购买公司的一部分资产，不只是股权证书转手的过程

投资是在资产有效期内对其收益进行预测的行为，而投机是对市场心理进行预测的行为。

投资者要研究资产，即公司业务的运作方式。而投机者研究的是商业活动之外的一些东西。

投资基于股价走势做出判断，投机关注股价波动从中获利。投资者应在适当价格买入证券并持有。股价波动确实重要，因为低价位的股票提供盈利机会，而高价位的股票警示入市需谨慎。拥有庞大投资组合的投资者不要因为股价下挫而沮丧，也不要因为上扬而自喜。

我们并不需要复杂的投资工具帮助我们决策，也不需要无聊的经纪人。我们需要的是关注企业发展的投资顾问们。我们需要被合理利用的资本而非投入市场的赌本。人们疯狂地涌入股市进行投机只能阻碍而非促进资本市场合理健康的发展。

自负是投资者的天敌

公元前5世纪,德摩斯蒂尼说:"只要想到就能做到。"这是预言家和天才的口头禅,却是普通人的自负外露。在瑞典,有项调查表明90%的汽车司机认为自己智力超常。但是另外一些人,比如投资者顾问们就会让这些骄傲的司机们感到羞愧。实际上,无论有没有证据,人们总是评价一个人超常。即使那些聪明又勤奋的人也难免过于自信的影响。如果总是认定自己超常,往往会在选择中失误。

但是,也不必因此多虑。任何事情都是两面的。思维也不例外。我们得像物理学家们学习,他们会把自己批判的体无完肤。诺贝尔奖得主理查德·费曼说:"假设你自己是最容易上当的人,但是你不能欺骗自己。"

让时间成为你投资的帮手

积累财富的另一绝招:什么也不做。在数年内持有一只好股票比频繁交易更划算。

即使是经验丰富的投资者也会受到怀疑论者的影响,他们总在出售时机到来之前鼓吹"抛售"。我们都知道这样的说法:"见利就走;有收益比有损失强。"但是,如果你已经买入一只价格公道的成长股,但是却选择卖出,这就是一次决策失误。5倍收益下,10000美元变成50000美元,但是再增加5倍就是250000美元。获得25倍收益实在是难得的好结果了。一个普通投资者如果能有一两次这样的收益一定要紧紧抓住。

时间让不良资产损失增加,也让优良资产收益增加。如果你能获得20—25%的收益率,时间就能助你一臂之力。如果你的投资收益很低,时间

第十九章　巴菲特与良好习惯

就会雪上加霜。

不要过度分析，分析愈细，错误愈多

> 在我的投资生涯中，很少考虑超过 3 个或 4 个变量。多一个都多余。
> ——马迪·惠特曼

我认识一个投资者，他的投资行为为我们提供了典范。他买入了几百种长期小幅增长的债券。他说，在自己任职一家股票交易所注册代理人时，从未获得超过 10000 美元的薪水。而他入市时，几乎没有多少资本可以投资。

他常谈起自己的成功。有一个故事吸引了我。他 20 多岁时，在一家前景模糊的公司投入了 1400 美元。60 年中，这些股票不断拆细，每股变为 360 股，他的 1400 美元也变成了 2,000,000 美元。他说自己曾拜访过公司并与管理层交谈，认为这些人很清楚自己在做什么⋯⋯

证券分析就应如此简明。如果数据正确可靠，管理层头脑清晰，何必去读一份 40 页的报告呢？

投资者应当明确投资业绩不能用跳水比赛的计分方式来衡量：难度系数没有用。你选择投资取决于其价值，而非其他因素。分析回报也是如此。

在股市摸爬滚打就如在棒球场挥棒一样，但是你不必每球必击，你可以等待心仪的投球。不要理会球迷们的嘲笑："快打，你这懦夫。"

资产定价，量力而行

做一次好投资并不复杂，但也不简单。投资者要对资产进行正确定价来做出选择。这不是说,你得成为专家了解每一家公司。你要做的就是在能力范围所及之内,对公司做出正确评估。

投资者的目标在于以合理的价格购买一项熟悉的资产从而获得收益。资产在未来 5 年、10 年甚至 20 年会有稳步的增长。但是,这样的公司难以寻觅。一旦被你发现,就应该果断投资。当然,你还要考虑自己的投资原则。问问自己是否愿意持有一只股票 10 年,如果你忍受不了,那就不要考虑买入。

我希望你不要盲目陷入教条中。虽然专家们说投资集中会有较高的风险,但我仍然坚信投资组合集中策略会降低风险。你可以更专注于某项投资,并充分了解公司的业务。

股东价值及成本帮助你评估一项资产

有这么一个命题,如果一项投资在其他条件不变的情况下能获取固定收益,那么它占用的资产越少,价值就越高。书上往往不会有这样的命题。最有吸引力的投资是不需任何投资就能运行的项目。

如果不需增加投资或者很少的投资就能保证投资者每年的收益增长,那么这将是最理想的投资。我们就可以做到这一点。如果这个项目需要一定投资,但投资收益率非常可观,那么这个项目还不错。最差的投资是,你不得不随时增加投资,还只能得到较低的回报率。人们往往判断不出自己身处何地。

不要跟着感觉走,别人的做法不一定有道理。支付的价格不一定有依据。感觉往往让投资者付出巨大代价

或许法国某个小葡萄园生产的葡萄酒是世界上最好的。但我认为这 99% 是传言,1% 是亲自品尝出来的。

第十九章 巴菲特与良好习惯

寻找业务规划明确，利润增长确定的公司

如果你购买了西斯糖果公司的股票，然后问魔镜："魔镜，魔镜，我问你，秋天的糖果能卖什么价？"如果它回答："更高的价格。"那么这就是一笔正确的投资。

投资者不需要评价某个行业的社会影响或者增长利率，只需确定选定公司的优势即可。这一优势能否持续下去，其产品能否为你带来回报。

买入之前做研究

如果不去调查，就不会成为一名优秀的投资者。你或许在考虑5家或者10家熟识的公司，但他们的财务状况怎么样呢？你又找到大量的年报和公司介绍来看……。这简直是一片海洋。读完之后，你还需问自己："我还需要知道别的什么呢？"许多年前，我是这么做的，找到雇员们和他们交谈，不断地提问……这是一个调查研究的过程。最后，这一切要落实下来，把那些显而易见的东西记录下来。

不要跟风去买入或卖出股票

机会来了，我会毫不犹豫地行动。在我的投资生涯中，有些时候会冒出很多好主意，但有时候我也会无所事事。如果下周有个机会，那我就去积极准备；如果没有，那我就什么也不做。

正确的想法未必能带来可观的回报。至于我们需要等多久，可能会遥遥无期。

低价并非王道,公司价值及管理才是基石

我们不需要把公司了解完全透彻才投资,但是要保证售价低于你估计的资产价值,而且还有一批勤恳的公司管理者。如果你的投资是这样的,那么收益绝对不会差。

投资者不可能精确地算出公司今后两年内的每股收益。其实,公司的高管们也未必能回答这个问题。那么,被高估的公司达到了什么程度呢?如果公司的增速在10年内保持下去,公司的价值将增长4倍,我们还有必要盯住公司股价是否被抬高35%这件事吗?如果确保公司今后价值增长,那就没什么后顾之忧。

我们曾有几次买入一些低价股,但它们令我们失望了。有些低价股在买入时就已经显示了未来的涨势,但另外一些却不会发生任何变化。

把持股看作自己的资产,坦然面对股价波动

如果你能在投资中贯彻三种想法,就会成为一名精明的投资者。

把股票视为一部分资产。这样股票的波动将成为你的朋友而非敌人。并在投资中留出足够的安全空间,这是成功投资的关键。

有些职业投资者往往不能理性看待股价,股价上涨时,激动不已,股价下跌时,悲观沮丧。然而面对食品价格,他们就会淡定很多:作为食品的永久购买者,他们期望食品价格下降,而不是上升。(当然食品出售者愿望相反)我们对布法罗新闻持有同样的看法,因为我们在不断购买报纸,我们期望新闻纸价格下降。尽管这会导致我们持有的新闻纸库存价值下降。

第十九章 巴菲特与良好习惯

我们在伯克夏的投资中遵循同样的逻辑。我们会一直买入股票,作为我们的一部分资产持有,直到老去。这么做,资产价格下降反而对我们购买者有利,上升反而不利。

悲观情绪是低价的制造者。它四处弥漫,不仅仅是针对某行业或者某公司。我们喜欢这种氛围,完全是因为它能带来我们喜欢的价格。乐观主义才是理性投资者的敌人。

如果因为某只股票不够流行而拒绝买入,这实在是不甚聪明的表现。逆反和跟风一样愚蠢。我们需要静心思考,而不是投票表决。正如罗素之言:"多数人宁愿去死也不愿思考,许多人确实这么做了。"

价格波动并未困扰真正的投资者,这给他们带来机会。价格下跌时可以买入,上涨时可以卖出。暂时忘掉股市吧,把注意力集中在公司的运营上,你的投资会更出色。

附录 A

市场先生

巴菲特认为投资者只有认识到金融市场是为投资者服务,而不是指导投资者这一点,才会大大提高选股能力。下文节选自伯克夏·哈撒韦1987年的年度报告,它能帮助你理解巴菲特对股价的感觉。

无论查理(伯克夏公司副主席)和我为伯克夏的保险公司买入哪只股票,我们都会向买入一家企业那样认真对待。我们会考察公司的业务前景、公司管理层的效率及我们要支付的价格。我们从不考虑转手时间或价格。只要资产的价值增长令人满意,我们愿意长期持有股票。投资时,我们把自己看作是商业分析师,而不是市场分析师、宏观经济分析师或者证券分析师。

因为市场上常出现诱人的投资机会,我们总是设法使市场有利于我们的投资。但是,这还不是关键因素。即使证券交易被延期,我们也不会觉得这有多令人烦恼,反而是市场没有对伯克夏的两家子公司进行报价会令我们备感担忧。我们的经济前景最终取决于我们所拥有的资产的经营状况。

本·格雷厄姆是我的朋友兼恩师。很久以前,他就告诉我如何面对波动的股市。他的话很启发人。他说,把市场价格想象成一个叫市场先生的人做出的决定。他是你的合伙人,而且乐于助人。每天,他都会给你一个报价。有时候他会买你的股票,有时候也向你出售他的股票。

尽管你们两人拥有的资产都比较稳定,但是市场先生的报价还是令你有些摸不着头脑。遗憾的是,市场先生患有某种顽固的精神疾病。当他乐观时,只看到对资产有利的因素,就报出一个很高的买入—卖出价格,唯恐你夺走了他的收益。当他又陷入悲观时,只看到那些麻烦事,这时,他会报出一个极低的价格,担心你把麻烦转嫁到他身上。

市场先生也有讨人喜欢的一面,他不在意你的忽视。如果你对他今天的报价不感兴趣,明天他会给你一个新的报价。交易会按照你的意愿进行。他的行为越是狂躁不正常就越对你有利。

但是,记住灰姑娘的故事。你要时刻保持警惕,否则成败只在一瞬间:市场先生是为你服务的,而不是指导你。你会发现他的规则比智慧更有用。如果有一天你发现他有点糊涂,尽可大胆地利用。但是,如果你任由他摆布,就会输得很惨。如果你不能比市场先生更好的理解并定价你的资产,就不要和他玩游戏。人们再玩扑克时常说:"如果你完了30分钟还不知道谁是傻瓜,那你就是傻瓜"。

格雷厄姆的"市场先生"寓言在今天听起来似乎有点过时。现在的投资者们热衷于有效市场理论、动态套期保值及证券风险测评这一套。他们谈论起来兴致勃勃,这可以理解,毕竟技术会给人一些有价值的建议。但是,医生们往往一笑置之,他们会建议你:"吃两片阿司匹林吧"。

我认为,公式、程序或者任何市场信号都不能确保成功的投资。如果一个投资者能够不受市场煽动,保持独立清醒,自己做出判断,他就会取得成功。我就一直在践行这一原则,并牢记格雷厄姆的市场先生的寓意。

遵从他的教诲,查理和我通过交易结果来检验我们的投资是否成功,而不是靠每日或每年的报价。市场或许会暂时忽视我们的努力,但是终有一天会认可。正如本·格雷厄姆所说:"短期看来,市场是一台投票机,但长期看来,它是一台天秤。"所以,只要公司的价值在增长,业绩迟早会被确认。实际上,延迟的认可也不是坏事,它能提供我们廉价购物的机会。

当然,市场会高估一笔资产的价值。这时,我们将出售持有的股份。有时,我们也会出售定价合理甚至被低估的证券,那是因为我们急需资金进行一项更有利的投资。然而,我还要强调一点,我们从不会因为价格上涨或者持有时间太长而出售持股。只要公司的经营能带来令人满意的股本收益,公司管理层诚实可信并有能力,市场也没有对其进行高估,我们愿意无限期地持有证券。

附录 B

你比巴菲特的优势：因特网

巴菲特年轻时，每天要花 12 个小时甚至更多时间去阅读公司的年报及选股策略方面的书籍。这帮他养成了关注细节的习惯并培养了他对数字的敏感。一有时间，巴菲特就去奥马哈的市立图书馆或大学图书馆阅读投资方面的书籍和各类财务报刊。

他独自一人所作的研究比华尔街任何一位一流的分析师都要透彻，有深度。他最喜欢的刊物包括《价值线投资调查》，标准—普尔出版的各类公司指南等，他从中得到很多启发并形成自己的想法。人们可以在图书馆找到这种指南，里面有详尽的公司介绍，产品目录以及近 10—15 年的财务数据。

他在数年的阅读中获益良多。比如《价值线投资调查》是投资者决策的必备刊物。它将公司按照行业进行分类，并收录各类数据，如证券收益率，季度利润，利息率，流通股，边际利润，负债率及年度收益等。"我从第一页开始读，仔细研究书中的每一家公司，一字不漏。每看完一本，我对书中介绍的公司的任何细节都了如指掌。"

巴菲特并不是要买下每一家公司。他只是留意感兴趣的公司,作为将来投资的备注。如果一只股票在短期内下降了20%或者更多,因为他已经研究过公司的整体状况,巴菲特知道公司的价值是多少。他只需找出以前的笔记,就能判断选出是否该买入。

我们现在不必像巴菲特那样每天花12个小时去研究这些,因为我们有更好的工具:互联网。只需按动鼠标,投资者就能在几个小时内找出巴菲特花一天或者一周时间研究的东西。有了互联网,只需支付少量网费,投资者就能轻松获取宝贵的投资资料。

我觉得,花费数千美元去上投资管理方面的课程和自学的效果没什么区别。大学的最后一年,我去内布拉斯加大学求学。在那里我学到的东西和在沃顿商学院学到一样多。没必要付35,000美元去受教育。教育大部分源于自学。有了图书馆和因特网,我们就能学到足够多的东西。

如今,因特网上充斥着全世界无数家公司的各种资料信息,如何用最少的时间获取最有价值的信息是商学院的学生们面临的问题。你得学会选择。因特网用各种各样的方式诱惑你:低价佣金,免费资讯,最新报表及利润估计等。但是,你必须记住,要自己做决定,而不是因特网替你做决定。

下面列出了一些有价值的网站供投资者参考:

会计信息
财务及教育信息
政府机构—财务文档类
报纸和杂志
新闻资讯
证券交易
投资信息及建议
各类金融话题
债券:公司债券及国库券

附录

资产定价
公司网站
公司介绍
盈利估计
经济图表
高管薪酬
全球投资
重金属
历史金融数据
内幕交易
并购套利
投资组合
代理投资
报价信息
紧急状况
回购,拆细,分红
股票走势
优先认股权
选股策略